対馬10
五島1
平戸6
平戸新田1
長崎県
佐賀県
唐津6
小城7
佐賀36
蓮池5
鹿島2
大村3
島原7
福岡県
福岡47
柳河12
久留米21
三池1
秋月5
小倉新田1
小倉15
中津10
日出2
杵築3
大分県
森1
岡7
府内2
臼杵5
佐伯2
熊本県
熊本新田4
熊本54
宇土3
人吉2
宮崎県
延岡7
高鍋3
佐土原3
飫肥5
鹿児島県
薩摩77
山口県
清末1
長府5
長州37
徳山4
岩国6
島根県
津和野4
浜田6
松江19
広瀬3
母里1
広島県
広島43
広島新田3
福山11
鳥取県
鳥取33
鹿野3
若桜2
岡山県
勝山2
津山10
岡山32
足守3
庭瀬2
浅尾1
岡田1
松山5
岡山新田2
新見2
鴨方3
兵庫県
豊岡2
出石3
柏原2
篠山6
三草1
安志1
姫路15
三田4
山崎1
三日月2
林田1
小野1
明石8
尼崎4
龍野5
赤穂2
京都府
宮津7
福知山3
大阪府
岸和田5
伯太1
狭山1
丹南1
和歌山県
紀州56
田辺4
新宮4
高取3
愛媛県
吉田3
宇和島10
大洲6
新谷1
松山15
今治4
小松1
西条3
高知県
土佐24
土佐新田1
香川県
多度津1
丸亀5
高松12
徳島県
徳島26

シリーズ藩物語

青木歳幸……著

上田藩

現代書館

プロローグ

上田藩物語

〝信濃《しなの》国は十州に境つらぬる国にして〟、長野県人ならほとんど歌える「信濃の国」の冒頭の一節である。戦国時代の信濃は、諸国に国境を接しているが故に、常に他国からの侵略に苦しめられてきた。

東信濃の一角、千曲《ちくま》川の中流域に上田・小県《ちいさがた》地方は位置する。この地に真田氏が登場してきた時、甲斐の武田氏、関東の北条氏、越後の上杉氏ら群雄が周囲をとり囲み、さらには織田氏、豊臣氏、徳川氏が信濃を草刈り場のようにして争っていた。

この戦国の争乱を真田幸隆《ゆきたか》・昌幸《まさゆき》は、巧みな知略と戦術により生き抜き、昌幸の子真田信之《のぶゆき》が近世大名として上田藩の基礎を築いた。一方、信之の弟真田信繁《のぶしげ》は大坂の陣で戦死したが、その勇猛果敢な戦いは日本一の兵《つわもの》・真田幸村《ゆきむら》として講談や小説で後世に伝えられた。

上田藩の領内支配の行政的枠組みは、真田氏のあとの仙石氏三代・八十四年の治世で整備された。関ヶ原戦後、徹底的に破壊された上田城を、仙石氏が真田氏時代の形に復元した。

仙石氏のあとに出石《いずし》から松平氏が入封した。宝永三年（一七〇

藩という公国

江戸時代、日本には千に近い独立公国があった

江戸時代。徳川将軍家の下に、全国に三百諸侯《しょこう》★の大名家があった。ほかに寺領や社領、知行所《ちぎょうしょ》★をもつ旗本領《はたもとりょう》などを加えると数え切れないほどの独立公国があった。そのうち諸侯を何々家《け》家中《かちゅう》と称していた。家中は主君を中心に家臣が忠誠を誓い、強い連帯感で結びついていた。家臣の下には足軽《あしがる》層《そう》★がおり、全体の軍事力の維持と領民の統制をしていたのである。その家中を藩と後世の史家は呼んだ。

江戸時代に何々藩と公称することはまれで、明治以降の使用が多い。それは近代からみた江戸時代の大名の領域や支配機構を総称する歴史用語として使われた。その独立公国たる藩にはそれぞれ個性的な藩風《はんぷう》と自立した政治・経済・文化があった。幕藩体制とは歴史学者伊東多三郎《いとうたさぶろう》★氏の視点だが、まさに将軍家の諸侯の統制と各藩の地方分権が巧く組み合わされていた、連邦でもない奇妙な封建的国家体制であった。

今日に生き続ける藩意識

明治維新から百四十年以上経っているのに、今

六）から廃藩置県の明治四年（一八七一）まで、七代・百六十五年間、五万三千石の譜代大名として上田領を支配した。初代松平忠周《ただちか》と、江戸後期の六代松平忠優《ただます》（忠固《ただかた》）の二人は、幕府老中として徳川政権をささえるなど、小大名といえども幕閣の一端を担った。

上田藩風とは何か。近世社会の基本的な石高制に対し、上田藩では、真田氏時代の貫高制表示を続けた。真田氏が松代《まつしろ》に移封された時、戻ってきて帰農した家臣団もかなりいた。上田城櫓門下の大石が真田石と呼ばれるのも、上田の人々の真田氏への敬慕の念を物語る。上田藩風には真田氏以来の伝統が色濃く流れている。

『土芥寇讎記《どかいこうしゅうき》』という幕府の諸藩事情調査によれば、仙石政明《まさあきら》時代の上田は「地ニ禽獣柴薪多シ」「家中ノ風不宜《よろしからず》」「政明ハ、文武ニ心ザシ有テ」「行跡正ク」と記されている。家風は田舎風であるが、藩主は文武に志し、行跡正しいと評価されている。文武に志し地域に生きる。これがもう一つの上田藩風といえるだろう。

学芸・文化が発達し、上田藩士で俳人加舎白雄《かやしらお》や、蘭学者赤松小三郎ら著名文化人が出た。一方、養蚕《ようさん》・蚕種《さんしゅ》業などの地場産業の発達により、庶民生活が向上し、庶民教育も発達し、豊かな庶民文化が栄えた。自立し活躍する庶民もまた上田藩物語の主役である。

でも日本人に藩意識があるのはなぜだろうか。明治四年（一八七一）七月、明治新政府は廃藩置県《はいはんちけん》★を断行した。県を置いて、支配機構を変革し、今までの藩意識を改めようとしたのである。ところが、今でも、「あの人は薩摩藩の出身だ」とか、「我らは会津藩の出身だ」と言う。それは侍出身だけでなく、藩領出身も指しており、藩意識が県民意識をうわまわっているところさえある。むしろ、今でも藩対抗の意識が地方の歴史文化を動かしている。そう考えると、江戸時代に育まれた藩民意識が現代人にどのような影響を与え続けているのかを考える必要があるだろう。それは地方に住む人々の運命共同体としての藩の理性が今でも生きている証拠ではないかと思う。

藩の理性は、藩風とか、藩是《はんぜ》とか、ひいては藩主の家風ともいうべき家訓などで表されていた。

〔稲川明雄（本シリーズ『長岡藩』筆者）〕

諸侯▼江戸時代の大名。

知行所▼江戸時代の旗本が知行として与えられた土地。

足軽層▼足軽・中間・小者など。

伊東多三郎▼近世藩政史研究家。東京大学史料編纂所所長を務めた。

廃藩置県▼藩体制を解体する明治政府の政治改革。廃藩により全国は三府三〇二県となった。同年末には統廃合により三府七二県となった。

シリーズ藩物語　上田藩

目次

プロローグ　上田藩物語……………1

第一章　上田藩の変遷　真田氏が築き、仙石氏が固め、松平氏が長く治めた。 9

【1】——戦国武将真田氏の知略……………10
真田氏の登場／知将昌幸の小県郡統一／第一次上田合戦と沼田城の攻防／小田原攻め後の真田氏領内支配

【2】——父子を引き裂く天下分け目の戦い……………22
真田父子、犬伏の別れ／昌幸・信繁は九度山へ／大坂の陣で大奮戦する幸村／〝日本一の兵〟の最期

【3】——近世大名真田氏……………32
信之の上田領支配／上田城下町の整備／信之、松代へ移封

【4】——領内支配を整備した仙石氏三代……………39
仙石氏の入封と家臣団／仙石氏の領内支配／念願の上田城改築／矢沢知行所の成立／出石への転封

【5】——松平氏七代の治世……………49
松平忠周の入封／江戸中・後期の上田藩主／老中忠優と最後の藩主忠礼／藤井松平家の女たち

【6】——上田藩の機構……………59
松平氏家臣団は一二〇〇人余／藩主の年中行事／上田藩江戸屋敷／藩士娘の迷子札

【7】——藩主・武士の学芸……………65
武家の嗜み／文治政治と上田藩／松平氏の学芸と武家茶／上田の儒学者安原貞平／明倫堂と教師たち

第二章　町と交通　上田町は北国街道の拠点、商業の中心地として賑わった。　75

【1】―上田城下町の整備……76
町人町と侍町の変遷／番所と高札場と時の鐘／自検断ならびに藩の犯罪捜査／死罪の裁許／博奕の取り締まり

【2】―北国街道と旅……86
北国街道と上田宿／海野宿と田中宿／上田藩主の参勤交代／領民負担の伝馬役と助郷／小県郡の中馬稼ぎ／旅の通行手形／伊勢参り、おかげ参り／女・子どもの旅

【3】―町人の暮らし……101
『諸国道中商人鑑』にみる上田町／上田町水物語／藩札、商品札と経済／鍛冶屋・鋳物師

第三章　農民生活と地場産業　農民の生産向上への営みが、養蚕・蚕種業を地場産業として育てた。　113

【1】―村と農民の姿……114
貫高制と年貢／村役人と百姓／農事の一年と農業用水

【2】―百姓一揆と災害、飢饉……121
義民の伝統／宝暦騒動／「戌の満水」と「天明上信騒動」／天保飢饉と救恤策

【3】―養蚕・蚕種業の発達……129
養蚕と上田・小県／養蚕技術と『養蚕教弘録』／輸出された上田の蚕種

【4】――庶民生活の向上……134
衣料や雛人形の華美化／蹴鞠の流行／〝雷電〟の故郷と祭礼相撲／村の遊び日

第四章　庶民文化の向上　145
寺子屋が普及し、俳諧などの庶民文芸が盛んであった。

【1】――地域の教育文化……146
上方支配と地域文化／文書による支配／寺子屋の普及と女子教育

【2】――庶民文芸の高まり……153
天明調俳人加舎白雄／文人のネットワーク／心学や国学のひろがり／上田藩医と蘭方医／医学所設置、種痘の導入／和算家竹内善吾と算額

【3】――庶民の成長と諸芸術……167
狩野派絵師と文人画家／町や村の絵師／諸芸のたしなみ

第五章　幕末・維新期の上田藩　175
開国や議会政治を主張する先駆者があらわれ、時代のさきがけとなった。

【1】――上田藩の天保改革……176
上田藩の天保改革／嘉永期の農村改革／耕耘算と「新建」策／「永続高」と「永続講」／農政改革の挫折と産物会所設置／治療費も払えない武士たち／武士の葬送

【2】──幕末・維新を先導した上田藩……188
老中松平忠優(忠固)は開国派／惜しむらくは赤松小三郎／ペリー来航後の上田藩／八木剛助と西洋砲術
【3】──明治維新と上田藩……196
戊辰戦争と上田藩／「明治二年上田騒動」とは／上田藩の解体
エピローグ　今に生きる上田藩……202
あとがき……204
参考文献・協力者……206
東信濃・上州略図……13
三者勢力図(天正十年頃)……14
真田氏の古城の変遷……15
第一次上田合戦図……17
真田氏系図……17
上田仙石氏略系図……41
仙石氏入封以降の上田領内組組織……43
慶応四年上田藩領概念図・明治二年信濃国県藩所領図……48
松平上田藩藩主一覧……58
上田藩松平氏の職制……60
上田松平家旧蔵茶道具等のゆくえ……69
上田町の人口……77
追手口番所略図……79
上田藩裁許留──文化三年死罪関係分……84
北国街道と上田町……86
北国街道通過の諸大名(文化四年)……91

上田宿からの駄賃銭……92
明和の中馬裁許……95
『諸国道中商人鑑』上田町の商家……102
呉服・太物類上限価格……110
稲の品種……118
上田藩の主な百姓一揆……122
洋式砲の分類……195

これも上田

真田十勇士伝説……31
上田城物語……38
特産品の上田縞・上田紬……112
上田の獅子舞……144
お国自慢 これぞ上田の酒……173
上田の姉妹都市……174
小島家に残された大砲の木型……201

第一章 上田藩の変遷

真田氏が築き、仙石氏が固め、松平氏が長く治めた。

1

戦国武将真田氏の知略

大坂の陣の活躍で日本一の兵といわれた真田氏は、どのようにして、日本史の舞台に登場してきたのか、武田、北条、豊臣、上杉、徳川という大名の草刈り場となった東信濃から戦国時代をたくみに生き抜き、勢力を拡大し、近世大名に転化した真田氏の知略をさぐる。

真田氏の登場

真田氏は、現在の上田市真田町を本拠として活動をしていた地方武士で、江戸期の家譜をみると小県《ちいさがた》地方の豪族海野《うんの》氏の直系と記されている。東信濃の山間の一土豪に過ぎなかった真田氏が、戦国時代の表舞台に立つのは、真田幸隆の登場以後である。

幸隆の出自には諸説あって、『寛政重修《ちょうしゅう》諸家譜』によれば、海野幸義の長子という。生没年も異説があるが、永正十年（一五一三）生まれ、天正二年（一五七四）、六十二歳没が有力である。

海野氏に従っていた真田幸隆は、海野氏滅亡後、天文十五年（一五四六）頃までには、武田晴信の信濃先方衆となり、東信濃攻略の先頭に立って活躍した。当

真田氏家紋
真田氏の家紋は六文銭が著名。六連銭ともいう。亡くなった人を葬る時に棺に入れる三途の川を渡るための六道銭と同じで決死の覚悟を示すといわれる。真田氏の家紋は別に雁金、洲浜、割洲浜がある。

時、上田・小県地方の北には葛尾城（現・坂城町）を拠点としていた村上義清★が勢力を拡大していた。天文十七年、武田晴信は、上田原（現・上田市）付近で村上義清軍と激突したが、重臣が戦死する敗北を喫した（上田原合戦）。いったんは甲斐へ戻った晴信であったが、松本城の小笠原長時らが一斉に反旗をひるがえしたため、晴信はすぐさま信濃に兵を向け、天文十七年から十八年にかけて、府中（松本）などを攻め信濃中部を制圧するとともに、佐久地方も再掌握した。

天文十九年九月、武田軍が村上義清の小県における拠点砥石城《といしじょう》★（戸石城）を攻撃した。この直前に晴信は真田幸隆に諏訪形（現・上田市）など一〇〇〇貫文★の土地を与える宛行状《あてがいじょう》★を出している。砥石城は、要害の城であり、武田軍は攻略に失敗し、村上勢の追撃により大敗した（砥石崩れ）。しかし、幸隆は、砥石城にこもる村上勢への切り崩し工作をすすめ、翌天文二十年、この城を計略をめぐらせて奪い取り、武田晴信の宛行状を根拠に真田の地に戻ることができた。

旧領に戻った真田氏の小県での支配領域は、出身地真田・横沢・大日向（いずれも現・真田町）の約六〇〇貫文、原之郷（真田町）など六〇〇貫文、諏訪形など一〇〇〇貫文ほど、総計二二〇〇貫文ほどであった。仮に一貫文を二石四斗七升として換算すると、約五千四百石余の広さを領有したことになる。

幸隆は武田方武将として、着実に東信濃の支配を拡大していった。天文二十二年四月に、武田方は宿敵村上義清の居城葛尾城を陥落させた。この年八月に、幸

▼村上義清
東信濃の戦国武将。文亀元年（一五〇一）～元亀四年（一五七三）。葛尾城を拠点として、武田氏と対立。越後へ逃げてからは上杉家臣。

▼砥石城
上田平と真田盆地をのぞむ地にあり、砥石城・本城・枡形城など、尾根伝いの複合式城郭群をいい、近くの米山城を含む場合もある。

▼貫文
銭で年貢収納していた戦国時代の土地の広さの表示。江戸時代前期に上田領では一貫文を二石四斗七升で換算した。

▼宛行状
武家社会では、土地などを給付することを宛行といい、宛行状を発行することは、主従関係の契約の基本書類として大事にされた。

隆は三男源五郎（のちの昌幸）を武田家へ人質として出仕させ、代わりに秋和（現・上田市）に三五〇貫文を宛行《あてが》われている。

葛尾城を奪われた村上義清は越後へ逃れ、長尾景虎★（のちの上杉謙信）に救援を要請した。長尾景虎も出陣し、天文二十二年、武田軍との間に第一次川中島合戦が起こった。以後、弘治元年（一五五五）、弘治三年、永禄四年（一五六一）、永禄七年と、五次に及ぶ武田対上杉の戦闘が川中島平周辺で起こった。とくに永禄四年九月の川中島合戦は双方に多数の戦死者を出したが、勝敗はつかなかった。

▼長尾景虎
戦国武将。享禄三年（一五三〇）〜天正六年（一五七八）。のち上杉輝虎、謙信と名乗る。春日山を拠点に越後を統一。

知将昌幸の小県郡統一

東信濃の支配をかためた真田幸隆は、永禄五年（一五六二）に、上信国境にある四阿山《あずまや》の奥宮社殿を長男信綱とともに修造し、その扉に下のように記している。幸隆が幸綱とも名乗っていたこともわかる史料である。

幸隆は、武田方武将として上州への進出をすすめ、永禄六年（一五六三）には、上野吾妻郡の要害岩櫃城《いわびつ》（現・群馬県吾妻郡吾妻町）を陥落させた。元亀二年（一五七二）には利根川と吾妻川の合流地点の白井城（現・群馬県渋川市白井）も攻略した。しかし、元亀四年（一五七三／七月に天正と改元）四月に、主君武田信玄が三河付近で病死し、四男勝頼が跡を継いだ。信玄の死は隠された

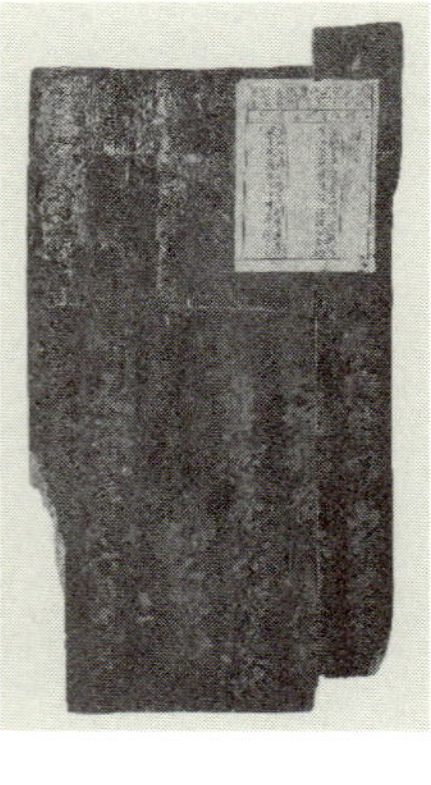

四阿山奥宮社殿の扉
「奉修営四阿山御宮殿　大檀那幸綱并信綱　蓮華童子院別当良叶　細工綱丸
永禄五年壬戌六月十三日」
（『真田氏史料集』より／山家神社蔵）

が、すぐに情報は漏れ、徳川家康は早速三河へ進軍し、上杉も上州へ兵を進めた。こうした厳しい情勢のさなか、天正二年五月に、幸隆は六十二歳で病死した。

幸隆没後、真田氏は長男信綱を中心に武田方武将として活躍を続けた。しかし、天正三年（一五七五）、武田勝頼軍は織田信長・徳川家康連合軍と三河長篠《ながしの》で激突した（長篠合戦）。武田の誇る騎馬隊は無惨にも、織田・徳川連合軍の鉄砲隊の前に敗れ去り、幸隆の長男信綱・二男昌輝も戦死してしまった。

東信濃・上州略図

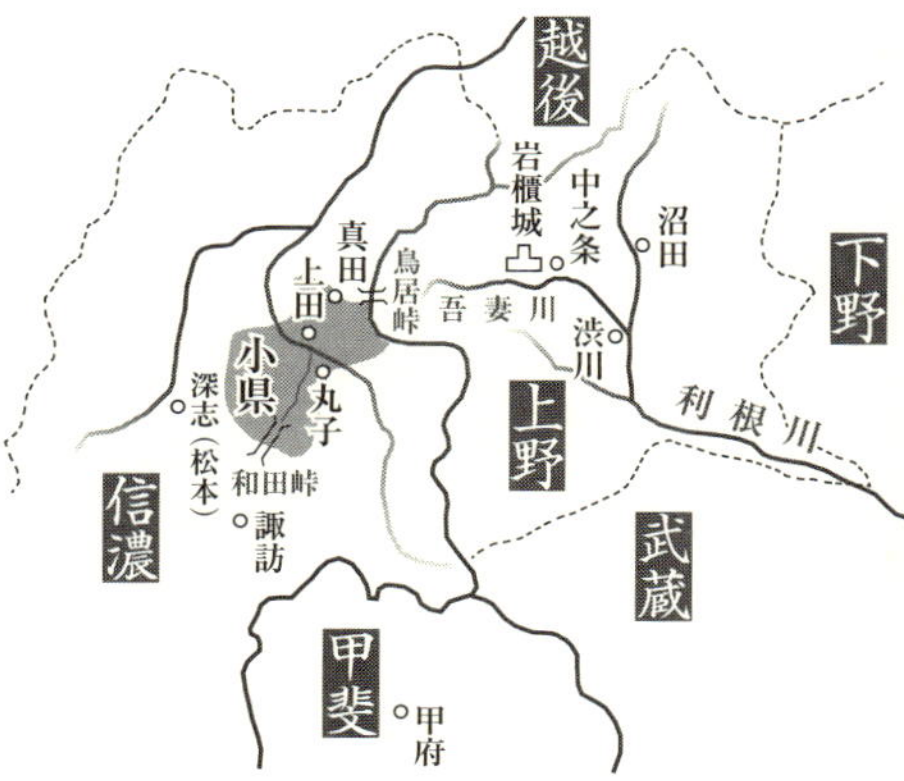

そのため、幸隆の三男昌幸★が真田氏の跡を継いだ。昌幸は時に二十九歳の若武者だった。

七歳の時に武田氏の人質となり、信玄の小姓をへて、成人して武藤喜兵衛尉と称していたが、相続により真田姓に復した。昌幸は引き続き武田氏家臣として、上州経営にあたった。天正六年に上杉謙信が没し、翌年景勝★が家を継ぐと、武田勝頼は上杉との盟約を結んだため、昌幸の直接対抗すべき敵は北条氏のみとなった。

▼（真田）昌幸
戦国武将。天文十六年（一五四七）～慶長十六年（一六一一）。武田方武将。東信濃を統一後、上州沼田へ進出。関ヶ原戦後、九度山へ流され、当地で没す。

真田昌幸画像
（上田市立博物館蔵）

▼（上杉）景勝
戦国武将。弘治元年（一五五五）～元和九年（一六二三）。豊臣系大名。江戸期は米沢へ転封。

昌幸は、北条氏の手に落ちていた沼田城攻略を進め、天正八年に、とうとう攻略し、上野《こうずけ》国の拠点を確保した。しかし、沼田周辺は、旧土豪勢力からの攻撃の動きがあり、天正九年には、旧来からの勇猛な家臣だった海野幸光・輝幸兄弟が北条氏側についたため成敗するなど、まだ不安定な情勢だった。この事件後、沼田城代には信頼できる叔父の矢沢頼綱を入れ、守りを固めた。

天正十年は、真田氏にとって最大の転機の年であった。同年、織田信長軍は破竹の勢いで信濃へ進撃し、抵抗した武田方諸城を陥落させ、その勢いで甲斐へ侵攻した。同年三月十一日、とうとう武田勝頼と一族は自害し、武田氏は滅亡した。

武田氏の滅亡を岩櫃《いわびつ》城で知った昌幸は、織田信長配下で佐久・小県支配を任された滝川一益《かずます》を介して馬を贈り、信長への臣属の意を表した。

ところが、信長は武田氏を滅亡させたおよそ三カ月後の天正十年六月二日、明智光秀の裏切りにあい、あっけない最期を遂げ（本能寺の変）、状況はさらに複雑となった。

信長死後、小県郡は北条、上杉、徳川の争奪戦の場となり、真田氏はその去就に苦慮した。本能寺の変直後に、いったんは北条氏方についた真田氏であったが、徳川方武将の仲介により、天正十年九月に徳川家康に従うこととした。

家康はよろこんで、上州や甲州などに二〇〇〇貫文の土地支配を約束した。実際はそれぞれ領有者がいる土地を約束したもので空手形であったが、昌幸は家康

三者勢力図（天正十年頃）

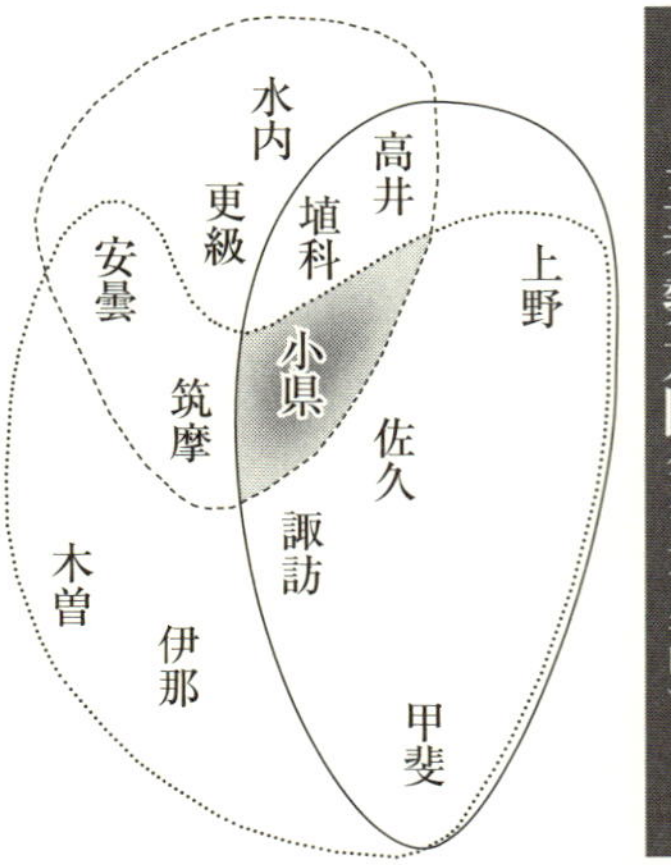

（『上田・小県誌　第一巻歴史編二』を参考に作成）

の力を背景に、祢津《ねっ》氏や依田窪地区の地侍らを屈服させ、さらに天正十二年には小県郡内で対立していた室賀《むろが》氏を滅ぼし、小県郡の統一を果たした。

第一次上田合戦と沼田城の攻防

天正十年（一五八二）頃の真田氏の居城は砥石城で、その東南麓の伊勢山（現・上田市）に居所をおき、また、古い本城の松尾城（現・真田町十林寺付近）などの山城を有していた。

勝頼の新府城で普請奉行をした経験のある昌幸は、天正十一年三、四月頃から、交通の要地であり、要害の地でもある尼ヶ淵に築城を開始した。上杉景勝はその情報を得て、北信濃の家臣に、真田氏の築城を妨害することを命じた。しかし、家康が天正十一年四月に、麻績《おみ》合戦をしかけて上杉勢を麻績へ転戦させたため、上杉方の妨害工作は行われず、順調に築城が進んだ。★

築城が一区切りついた天正十二年頃から、昌幸は今度は上杉氏への接近を図り、翌年には上杉景勝から、正式に上野の沼田、吾妻領、小県《ちいさがた》郡などの本領安堵状をうけている。代わりに、十七歳の二男源二郎信繁（幸村）を叔父矢

真田氏の古城の変遷

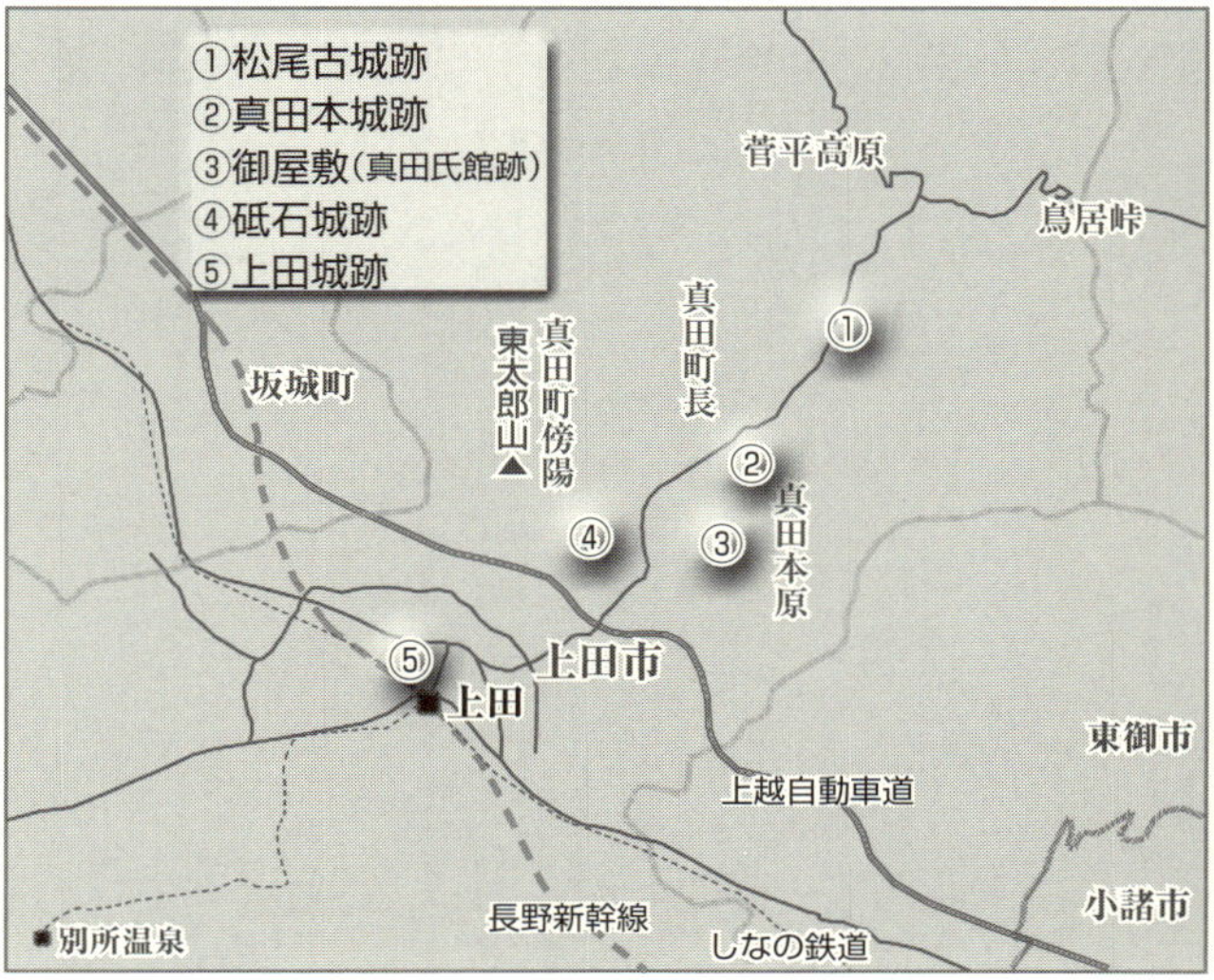

▼寺島隆史氏の新見解による。なお、上田城の一応の完成は天正十三年の末とみられる。

沢頼綱の子矢沢三十郎頼幸とともに上杉方へ人質として送った。こうして信繁は景勝家臣の直江兼続《なおえかねつぐ》★とも知友となる。

なぜ昌幸は徳川氏と離反したか。じつは、家康は北条氏との和議条件で沼田城を北条氏に渡すという密約をかわしていた。そのため沼田領を奪われる危機を感じた昌幸は密かに上杉氏との接近を図ったのであった。

昌幸が上杉に臣従した報告をうけ、激怒した徳川家康は、家臣の鳥居彦右衛門元忠、信州の諏訪《すわ》頼忠ら、総勢七〇〇〇人の軍勢を、築城中の上田城攻撃へと向かわせた。迎え撃つ真田方は騎馬二〇〇騎、兵一五〇〇人ほどで、数の上では圧倒的に劣勢だった。昌幸は急ぎ上杉景勝に援軍を頼んだ。景勝は北信の武士らに出陣を命じ、八月末に曲尾（現・真田町）に援軍が到着した。

合戦の様子を『三河物語』★などから再現すると、天正十三年閏《うるう》八月に神川周辺で激しく展開し、九月になって徳川軍が大軍の勢いで上田城の大手門を突破し二の丸門まで迫った時、門上に吊ってあった大木を落とし、混乱する徳川軍に弓・鉄砲を射かけ、さらに城中から喊声をあげて猛烈な攻撃を加えた。混乱をきわめて退却を始めた徳川軍に対し、各所に設けた千鳥掛けの柵が退路をふさぎ、そこへ次々と弓・鉄砲を射かけた。ほうほうのていで城下町外に逃げ出た徳川軍を真田軍は追撃し、増水した神川で溺死させるなど、真田軍の領民をあげての戦術に徳川軍は大敗した。敗れた徳川軍は丸子城を攻めたあと、十一月には駿河へ撤退

▼直江兼続
戦国武将。永禄三年（一五六〇）～元和五年（一六一九）。上杉氏家老。「愛」の字を兜に使用した。

▼『三河物語』
家康家臣大久保彦左衛門が書いた歴史と功績の物語。元和八年（一六二二）成立。

第一次上田合戦図

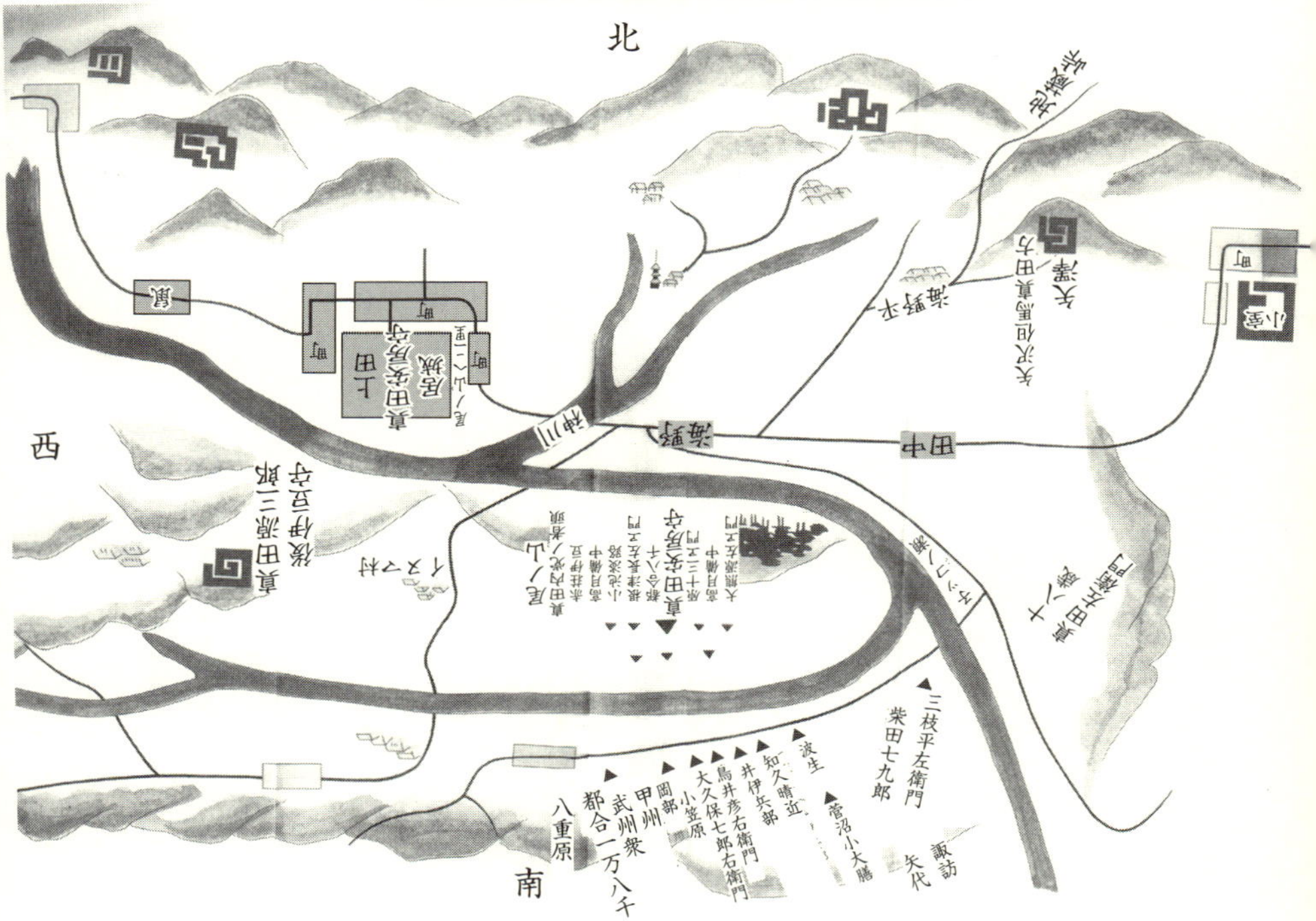

合戦前の布陣の様子を描いたもの。このあと城中での激戦となる。軍勢数諸書により異なる。
(『信濃国小縣郡年表』より)

真田氏系図

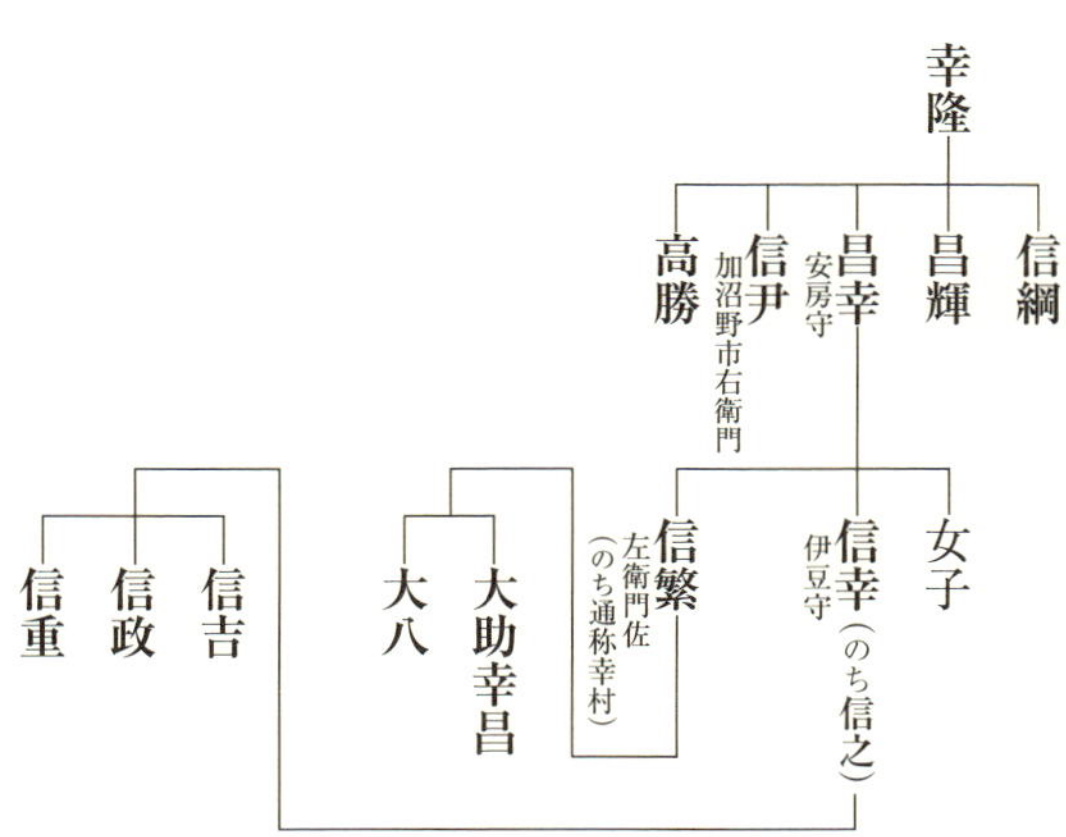

した。これを第一次上田合戦という。

　徳川軍を撃退した真田昌幸は、上田築城整備を急ぎ、領内支配を固めるとともに、天下統一を進めていた豊臣秀吉に接近を図った。

　秀吉は、天正十四年十月には、家康を上洛させ、臣下の礼をとらせることに成功し、代わりに上杉景勝に命じて、真田氏を徳川の臣下となるように仲介させた。★

　こうして、秀吉の命をうけた形で、天正十五年三月に、真田昌幸は家康の駿府城へ出仕し、家康に臣属することとなった。天正十七年には信幸★が駿府城に出仕して、昌幸とは別に家康の家臣となるなど、徳川氏への接近も進んだ。

　秀吉にいまだに従わないのが小田原の北条氏であった。北条氏は天正十六年、秀吉に「沼田の地が得られたら、氏政★は上洛する」と、沼田城の取得を豊臣氏へ従う取り引きに使ったといわれる。

　翌天正十七年七月に、「真田氏が上野国に領有している領地の三分の二と沼田城は北条氏に渡す、代替地は徳川氏から与えられる。残る三分の一は真田昌幸が領知すべし」という豊臣秀吉の裁断が下った。かつては沼田城引き渡しを拒否して徳川氏と戦った昌幸であったが、今や秀吉の勢いは絶対であり、かつ上州領地の三分の一を真田領とする裁定は、ぎりぎり受け入れ可能な内容であった。

　真田昌幸はこの命をうけて、上野国にある名胡桃城《なぐるみ》★にもとの名胡桃城主鈴木主水を置き、岩櫃城には沼田城を守っていた叔父矢沢頼綱を配し、信幸を上野所領

▼景勝宛十一月四日秀吉書状
「関東の儀は家康と談合せしめ、諸事相任すの由を仰せ出され候の間、その意を得られ、心易くべく候、真田・小笠原・木曽両三人の儀も、先度其の方上洛の砌申し合わせ候ごとく、徳川所へ返し置くべき由、仰せられ候」

▼（真田）信幸
昌幸長男。永禄九年（一五六六）～万治元年（一六五八）。伊豆守、信之。沼田城主、のち初代上田藩主、初代松代藩主。正室小松姫（本多忠勝娘）。

▼（北条）氏政
戦国武将。天文七年（一五三八）～天正十八年（一五九〇）。後北条氏ともいう。関東を支配。秀吉の小田原攻めで降伏、切腹。

▼名胡桃城
現・群馬県利根郡みなかみ町。

支配の任にあたらせ、沼田城を北条氏に明け渡した。一方、先の徳川軍の上田攻撃に際し、人質として上杉方に送られた二男信繁を、秀吉の信任厚い大谷刑部を介して秀吉に出仕させて、秀吉との距離を図っていた。

小田原攻め後の真田氏領内支配

沼田城明け渡しから三カ月後の天正十七年（一五八九）十一月に、秀吉の裁断に背いて沼田城兵が名胡桃城を攻め、城主鈴木主水を死に至らしめた。昌幸が、急ぎ北条方による名胡桃城侵攻を秀吉に報告すると、激怒した秀吉は、北条氏の弁明を一切聞き入れず、北条氏討伐を決意した。

翌天正十八年春、秀吉は総数二〇万人で小田原攻めを開始した。真田昌幸は、前田利家★率いる北国口隊に属して、北条方の松井田城などを攻略した。天正十八年七月五日、とうとう小田原城が開城し、北条氏が滅亡した。

秀吉は、直ちに奥州伊達氏も降伏させ、天下統一事業を成し遂げ、すぐに諸大名の配置替えを行った。北条氏滅亡から十日も経たない天正十八年七月十三日、家康を駿河などの領国五カ国から、北条旧領の関東（伊豆・相模・上野・下野・武蔵・上総・下総）へ移封した。発令に応じて、家康は八月一日に江戸城へ入城し、家康に従っていた信濃の諸領主もことごとく関東へ移った。

真田昌幸所用といわれる具足
（上田市立博物館蔵）

▼前田利家
戦国武将。天文七年（一五三八）～慶長四年（一五九九）。加賀藩前田氏の祖。豊臣政権の五大老の一人。

秀吉は、徳川系信濃大名が関東へ移ったあとへ、佐久郡に仙石《せんごく》秀久を配置するなど、豊臣系大名を配置した。真田昌幸だけは例外で、旧来の地小県郡を安堵され、さらに徳川家康に対し、沼田城も昌幸に安堵するようにすすめ、家康も了承した。昌幸は、信州小県郡と上州沼田を、豊臣秀吉と徳川家康の両大名から安堵され、近世大名としての基盤が保証されたのだった。

これは秀吉が昌幸の能力を高く買い、直臣《じきしん》扱いしたものとみられ、昌幸はこのことを恩義に感じないわけにはいかなかった。また、この頃昌幸の嫡男信幸は家康の重臣本多忠勝の娘小松姫★を、二男信繁は秀吉の家臣大谷刑部吉継の娘を娶っており、それぞれの徳川、豊臣への結びつきも強まった。この関係は、秀吉が家康を支配している間は、真田氏にとって最も勢力バランスのとれた関係であり、真田氏の上田、沼田支配も強固になった。

天下統一を果たした秀吉は、天正十九年九月に朝鮮出兵の動員令を出した。家康は一万五〇〇〇人を割り当てられ、木曾義昌らが負担した。信濃大名は、毛利秀頼一〇〇〇人、仙石忠政一〇〇〇人、真田昌幸五〇〇人などだった。朝鮮出兵のさなかの文禄二年（一五九三）に昌幸らは伏見城普請も命ぜられ、家臣の一部と領民を送り込んだ。信幸も五分の一役として一一〇人の人員を拠出している。

近世大名化した昌幸の家臣団は、幸隆時代からの矢沢・常田氏などの一族衆と河原・宮下・春原《すのはら》・丸山氏ら真田譜代衆、昌幸の代からの大熊・浦野・鎌原氏ら

▼小松姫（小松殿）　天正元年（一五七三）～元和六年（一六二〇）。天正十四年（一五八六）頃、信幸と結婚（同十七年、十八年説もある）。

武者姿の小松姫（大英寺蔵）

小松姫の墓（上田市常磐城・芳泉寺）

旧武田給人衆★、武田氏滅亡後の湯本・折田・唐沢氏ら吾妻衆、沼田城攻略前後からの藤田・金子・恩田氏ら沼田衆、小県郡統一過程での祢津・望月・海野・室賀氏ら小県衆らからなる。

秀吉は、〝太閤検地〟と呼ばれる厳しい全国的検地を実施し、大名が農民を直接支配する石高制《こくだかせい》を推進した。武田氏時代の真田氏は、二五〇〇貫文★の土地を有し、二五〇～三〇〇人ほどの軍役を負担していた。

天正六年（一五七八）頃の「真田氏給人知行地検地帳」には、一三三人の原之郷の給人が載っている。この帳面で最大の知行地を持つ大熊靭負尉の記載をみると「本弐拾四貫三百八拾文　見出四貫五百文　合弐拾八貫八百八拾文　高持三十弐人　此の内五貫七百八拾文　番匠和泉へ下され候」とある。見出《みだし》というのは、真田氏による天正検地によって新たに見いだされた分が四貫五〇〇文ということであり、合計が二八貫八八〇文となる。高持《たかもち》とはその土地を実際に耕作している者で三二人、抱えの番匠《ばんじょう》（大工）へ五貫七八〇文を配分するとある。大熊靭負尉に続いて池田佐渡守二一貫二五〇文、木村渡右衛門一八貫二〇五文などが続き、いずれも真田氏の最上層重臣である。昌幸はこの天正検地によって領内の土地と家臣団を統率し、強力な支配力を得ていたとみられる。

▼給人
知行地をもつ家臣。

▼二五〇〇貫文
一貫文を二石四斗七升で換算すると、およそ六千百七十五石。

②父子を引き裂く天下分け目の戦い

豊臣秀吉没後、徳川家康派と石田三成派による関ヶ原戦が勃発した。真田昌幸と信繁は石田方（西軍）につき、信幸は徳川方（東軍）にと、両軍に分かれた。大坂の陣では信繁こと幸村の勇猛果敢ぶりに、〝真田日本一の兵〟と賞賛された。

真田父子、犬伏の別れ

秀吉が慶長三年（一五九八）、前田利家が翌年亡くなると、徳川家康の独裁化が進み、反家康勢力との間に対立が激しくなった。五大老の一人、上杉景勝もまた家康の独断専行に不服従の意を示した。家康はついに慶長五年六月に上杉討伐の兵を挙げ、大坂城から軍勢をひきいて東に向かった。昌幸も家康の命に従い、七月二十日頃、下野《しもつけ》国犬伏《いぬぶし》（現・栃木県佐野市）に陣をしいた。

家康軍の東下を見さだめた石田三成★らは、七月十一日に家康打倒の兵を挙げ、上杉景勝らと家康を挟み撃ちにすべく、諸大名らへ糾合の書状を送った。七月二十一日頃、下野犬伏の昌幸の陣へも石田方武将の連名による密書が届いた。家康

「真田父子、犬伏密談図」
（佐藤雪洞画／上田市立博物館蔵）

▼石田三成
戦国武将。永禄三年（一五六〇）〜慶長五年（一六〇〇）。関ヶ原戦で西軍を指揮、敗北し処刑された。

討伐の兵を挙げたこと、秀頼様への忠節を尽くしてもらいたいとの豊臣軍への勧誘状であった。

昌幸は、事の重大さのため、秀忠軍に従っていた信幸を直ちに犬伏の陣へ呼び、密かに対応を協議した。徳川方（東軍）につくか豊臣方（西軍）につくか、またまた大きな決断を迫られた。この時点で、どちらが優勢とはっきり判断できる情勢ではなかった。昌幸・信繁らは豊臣方に恩義があり、信幸は徳川方武将として活動を続けていた。そこで父子兄弟が分かれて戦う道をとり、いずれが勝っても真田家が存続することを目指すことにした。

信幸と別れた昌幸・信繁父子は沼田城へ寄ったが、敵となったことを知った信幸の妻小松姫に入城を固く拒まれ、上田城へと戻った。

昌幸と信繁は上杉討伐軍を離れ上田に戻ったが、信幸が秀忠軍にとどまったことを知った家康は、七月二十七日付けで、安房守（昌幸）の所領小県郡を伊豆守（信幸）の領地とすることを約束した。★

徳川家康は江戸に戻り、諸大名を味方につける策略をめぐらしたあと九月一日に東海道を西に向けて約三万三〇〇〇人の軍勢で出発した。徳川秀忠は約三万八千余人の大軍で、八月二十四日に宇都宮を発ち、中山道沿いを支配しつつ西に向かう作戦だった。秀忠軍は、九月二日に小諸城に入った。

秀忠は、降伏するなら許すと、使者として信幸を上田城に派遣した。昌幸は頭

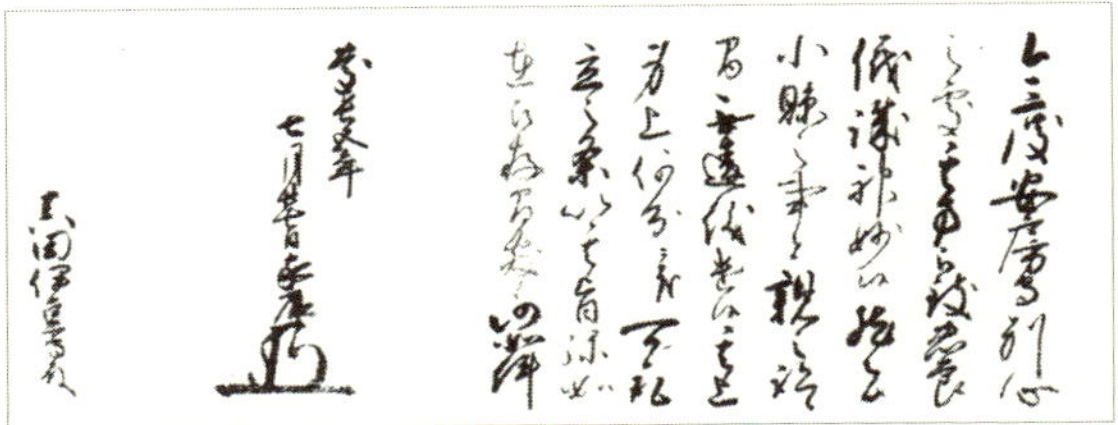

真田信之宛徳川家康安堵状
（真田宝物館蔵）

▼真田信之宛徳川家康安堵状

今度安房守（昌幸）別心のところ、其の方忠節を致さるの儀、誠に神妙に候、然らば、小県の事は親の跡に候間、違儀無く遣わし候、その上身上何分にも取り立つべきの条、その旨を以て、いよいよ如在に存ぜらるまじく候、仍って件の如し

慶長五年七月廿七日　家康（花押）

真田伊豆守殿

を丸め降参を申し出た。しかし、それは時間稼ぎの偽りの降参だった。怒った秀忠は九月五日から攻撃を開始した（第二次上田合戦）。

昌幸が上田城の北側の砥石城を開けたので、秀忠はそこへ信幸を配した。秀忠軍は九月六日、上田城大手門に押し寄せたが、真田軍の矢倉から弓矢・鉄砲で射られ、門外では槍で突かれ、激しい反撃にあい撃退された。

真田昌幸・信繁勢は、わずかに二五〇〇人ほどであったが、大手門に押し寄せた秀忠軍に反撃し、攻撃に耐え続け大軍を釘付けにした。攻めあぐねている秀忠軍に、家康軍への合流を促す知らせが届いた。秀忠は九月十一日になって上田攻めを断念し、家康軍と合流すべく出発した。九日間も足止めをくらった秀忠軍が木曾福島に着いたのが九月十六日だった。

すでに関ヶ原の戦いは九月十五日朝から始まり、夕方には東軍の大勝利となった。遅れて関ヶ原に向かった秀忠が、怒る徳川家康に面会できたのは九月二十三日のことだった。

家康は石田三成、小西行長ら西軍武将を処刑し、八八家六百三十二万石余を取りつぶした。家康にとって二度の上田城攻撃を失敗させた昌幸らは許しがたい存在だった。しかし、信幸は命がけで昌幸・信繁の助命嘆願を行い、二人の命を救うことができた。

昌幸・信繁は九度山へ

関ヶ原戦後、上田城は、徳川方により徹底的に取り壊され、慶長六年（一六〇一）八月に、上田領が真田信幸に引き渡された。信幸は、従来の上州沼田領三万石と新たに上田領六万五千石を支配する九万五千石の大名となり、真田家は存続することとなった。また、この時以後、信幸を信之と改めた。昌幸の幸の字をおもんばかったからという。

慶長五年の暮れに、助命された昌幸・信繁父子が高野山へ旅立った。昌幸五十四歳、信繁三十四歳だった。池田長門守、原出羽守、高梨内記ら一六人の家臣が随従した。一行は真田氏と縁が深かった高野山蓮華《れんげ》定院《じょういん》でお世話になったあと、麓の九度山村に移った。

九度山の生活は、国元からの定額の仕送りや、紀伊藩主からの五十石の贈与などがあったが、その生活は苦しく、臨時の援助をもとめる昌幸の書状がいくつも残されている。それでも当初は赦免される望みをもっていたのだが、結局、許されないまま慶長十六年六月四日、昌幸は九度山で六十四歳の生涯を終えた。

昌幸の死後は旧臣の多くも九度山を去り、次第に国元からの音信や文通も途絶えがちになった。さらに慶長十八年には、信繁の実母山手殿★が亡くなり寒松院と

真田庵
（和歌山県伊都郡九度山町）

▼山手殿
天文十八年（一五四九）?～慶長十八年（一六一三）。真田昌幸の夫人。信幸・信繁の生母。

して大輪寺《だいりんじ》に葬られた。残された信繁は、狩りをしたり僧と囲碁・双六をし、あるいは兵書を読み草臥《くたび》れた無為の日々を過ごした。また刀の柄の平織紐を真田紐として行商させ、生計の足しにしたとも伝えられる。

大坂の陣で大奮戦する幸村

慶長十九年（一六一四）、体に異変を感じ、先が短いことを感じた家康は、豊臣氏根絶へと動き出した。同年七月、京都方広寺に奉納された鐘銘に「国家安康・君臣豊楽」とあるのを、家康の首を切って豊臣氏の繁栄を願うものだと、無理難題をつきつけ、豊臣家との戦闘態勢をとり始めた。十月一日に家康は大坂征討の動員令を出し、十月四日に信之へも出陣命令が届いた。

病気中の信之は長男信吉★と二男信政★を、矢沢頼幸ら重臣をつけて参陣させた。信之の家臣宛手紙には「信吉によくよく奉公してほしい」「自分も病気が回復したら参陣したい」（「小山田家文書」）と述べている。しかし、仮病だったかもしれない。

大坂方も十月一日に軍議を開き、開戦の決断をして、急遽《きゅうきょ》、豊臣ゆかりの諸大名や牢人★へ支援の書状を出した。しかし、すでに家康による大名懐柔策は終わっており、豊臣方につく大名はなかった。応じたのは、戦功を上げたい牢人らで

▼（真田）信吉
信幸長男。文禄四年（一五九五）～寛永十一年（一六三四）。幕藩体制下の沼田城初代城主。

▼（真田）信政
信幸二男。慶長二年（一五九七）～万治元年（一六五八）。松代藩二代藩主。

▼牢人
主家を失った武士。

あった。十月初め、九度山に蟄居していた信繁（幸村★）のもとに、秀頼からの使者がやってきて、当座の支度金として黄金二〇〇枚、銀三〇貫文を贈り、五十万石の大名として迎えるという厚遇の約束を示した。

幸村は早速承諾して、十月九日に息子大助★と手勢三〇〇人を率いて大坂城へ向かった。十四日に大坂城入城後、六〇〇〇人の配下を与えられ、そのいでたちは幟《のぼり》、指物《さしもの》、具足、兜以下赤一色の備えであった。

大坂方の作戦は、幸村が主張する先制攻撃による城外戦でなく籠城戦をとった。徳川方に兄らがいる幸村に対し、いまだ十分な信頼が得られていなかったからともいう。そこで、大坂城の南口が主戦場になると考えた幸村は、南側の一段高い場所に空堀を掘り、塀をかけて小さな砦・真田丸を築いた。東西一二三間（約二二〇メートル）、南北七九間（約一五〇メートル）の新月《しんげつ》型の砦であった。

十一月から徳川方の攻撃が各方面から始まった。十二月四日、真田丸を目がけて突進した加賀勢や先陣争いをする徳川方を、砦の際までいったん詰めさせてから、弓・鉄砲を降る雨のように射て撃退した。

秀吉の築城した大坂城が容易に落ちないことを知っていた家康は、攻撃の最中にも策をめぐらし、十二月十八、十九の両日に和平会議にもちこみ、牢人は解雇しなくてもよい、大坂城は惣堀（外堀）を埋める、淀君の江戸在住（人質）をしなくてもよい、秀頼の知行はそのままとするという、思いのほかに豊臣氏が安堵

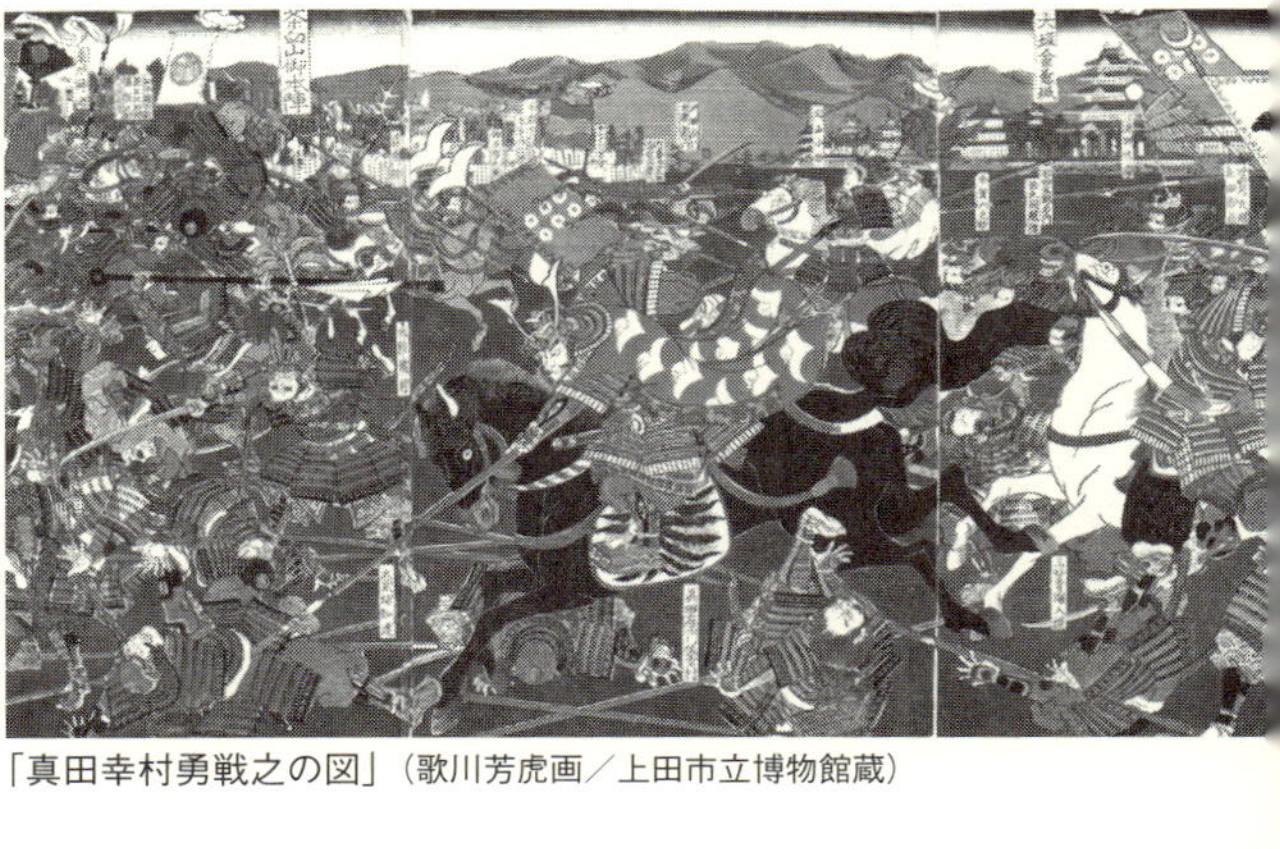

「真田幸村勇戦之の図」（歌川芳虎画／上田市立博物館蔵）

▼幸村
信繁を幸村と呼ぶのは後世の講談や戦記物でつくられた呼称であり、大坂の陣で信繁を幸村とするのは史実ではない。以下、名の通った幸村で記す。

▼（真田）大助
信繁長男。慶長六年（一六〇一）～慶長二十年（元和元年／一六一五）。幸昌ともいう。生没年に諸説あり。

する内容の提案をしたため、幸村らの反対にもかかわらず和議が結ばれた。

　ところが、和議が結ばれると数日のうちに、徳川方は本多正純《まさずみ》★らに命じて惣構え・三の丸・二の丸を破壊し、抗議を無視して外堀だけでなく内堀の埋め立ても行ったため、翌年正月下旬には、秀吉苦心の名城大坂城は本丸のみの裸城となってしまった。

　和睦後、家康は幸村を味方につけようと、側近の本多正純や昌幸の弟で幸村の叔父にあたる真田信尹《のぶただ》★らに命じて勧誘工作を進めたが、幸村は自分が乞食状態の時、秀頼様に召し出された恩があるからお断りすると返答した。

　幸村は、二月十日付けの長女の婿宛書簡に「われら籠城の上は必死に相きまり候あいだ、この世にて面談はあるまじく候」と記し、三月十一日付け義兄らへの書簡でも「我々事などは浮世にあるものとはおぼしめし候まじく候」と書き、死を覚悟していた。

　こうして家康は、浪人の解雇と豊臣家の移封という無理難題の最後通牒をつきつけたため、和睦は決裂し、四月に家康と秀忠は、それぞれ京都二条城と伏見城に入り、諸将に参陣を命じた。真田信之は今度も病気を理由に、子の真田信吉と信政兄弟を参陣させた。

　豊臣方は軍議を開き、裸城となった大坂城では籠城戦ができないので、京都方面からの徳川軍が二手に分かれて攻撃してくる要衝の地・大和口★と河内口★で徳川

▼**本多正純**
家康重臣。永禄八年（一五六五）～寛永十四年（一六三七）。下野小山藩主、宇都宮藩主。

▼**真田信尹**
戦国武将。天文十六年（一五四七）～寛永九年（一六三二）。真田幸隆四男。

▼**大和口**
現・大阪府藤井寺市道明寺付近。

▼**河内口**
現・大阪府八尾市付近。

軍を迎え撃つ作戦をとった。

慶長二十年（元和元年）五月六日早朝、豊臣方先鋒の後藤又兵衛隊が大和口で徳川軍と激戦となり、又兵衛は戦死した。後続の真田隊は伊達政宗隊と激戦になったが、そこへ河内口の木村重成らの戦死の報が届き、いったん大坂城へ退却となった。

"日本一の兵"の最期

幸村は秀頼の出陣を願ったが、淀君らに阻止された。もはやこれまでと、翌五月七日早朝、真田隊は茶臼山に赤幟をたて、赤装束一色で最後の決戦に備えた。幸村の子真田大助隊が越前勢へ切り掛かり、戦いの火ぶたが切られた。十五歳の大助が激闘を続けたところへ茶臼山から幸村が駆け下り、親子の勢いが一つになり敵勢を追いまくった。

しかし、大坂の町から火の手があがり大坂方は総崩れとなった。幸村は大助を呼び寄せ、自分は今日討ち死にするが、お前は秀頼様に従い、もし秀頼様最期の時は殉死せよと言い聞かせ、大助を大坂城中へと向かわせた。

幸村は残った真田隊全軍とともに、手薄になっていた大御所（徳川家康）の陣を目がけて波状攻撃をかけて突入した。その突撃のすさまじさに家康本陣は大混

真田幸村像
（上田市立博物館蔵）

乱となり、大御所はたじろぎ、三里（一二キロメートル）ほども退いたという。追撃をする真田隊へ、戻って来た旗本隊が激突、勇猛果敢な真田隊も多勢に無勢、とうとう味方も散り散りになり、幸村は安居《やすい》神社付近★で休んでいるところを敵兵に討ち取られた。享年四十九歳だった。

大坂城も火の手の中で落城した。秀頼は自害し、真田大助も父の教えを守り殉死した。こうして豊臣氏は滅亡し、徳川氏が天下を平定した。

大坂の陣での真田幸村らの勇猛果敢な戦いぶりは、敵味方を問わず、〝真田日本一の兵《つわもの》★〟と賞賛され、やがて講談や小説にも信繁が幸村として国民的英雄として描かれ、様々な伝説を生むこととなった。

幸村という呼称の初出は、寛文十二年（一六七二）の『難波戦記』という軍記物語が最初である。幸村（信繁）の墓所には、龍安寺塔頭大珠院（京都市）のほか、田村家墓所（宮城県白石市）や一心院（秋田県大館市）などがある。

▼安居神社付近
現・大阪市天王寺区。

▼真田日本一の兵
「真田日本一の兵、古よりの物語にもこれなき由」（『薩藩旧記雑録』）。

真田昌幸公・幸村公碑
（真田庵）

これも上田

真田十勇士伝説

真田伝説の一つに「真田十勇士」がある。真田十勇士は実在ではなく、江戸期の『真田三代記』、『難波戦記』などをもとに、明治期の立川文庫で作られた真田幸村と家臣のヒーロー伝説であり、その出自や役割も諸説ある。しかし、真田氏の活躍の陰にさまざまな才能をもったすぐれた家臣がいたことは間違いない。

角間の谷で岩から岩へ猿のように飛び移っている身軽な少年を見た甲賀流忍術の師戸沢白雲斎がこの少年に忍術を教えた。免許皆伝となった少年が猿飛佐助である。

その修行を見ていた修験僧も白雲斎に弟子入りし、逆さ霧の術を会得した。霧隠才蔵である。

村の水車小屋（筧）で生まれた筧十蔵は、鉄砲の名手として活躍し、のちに幸村の影武者として討たれた。

上田城の築城時に海野氏末裔の海野六郎が雇われ、幸村の参謀役として活躍した。

重臣根津宮内の末っ子の甚八は武者修行後、鎖鎌の名手となり、京都で、槍の名手の由利鎌之助と争いになった時、海野六郎により、二人とも幸村の家臣となった。

上田城門前の十勇士

その時までに、佐久の名族望月氏の後裔望月六郎、武田の重臣穴山梅雪の子という穴山小助も仕えていた。

信長の比叡山焼き討ちで、別所温泉に逃れてきた大力無双の僧が三好清海入道だった。幸村により、霧隠才蔵ともども召し抱えられ、やがて三好清海入道の弟三好伊三《いさ》入道もやってきて真田十勇士がそろった。

十勇士の最期の決戦の時が大坂夏の陣となった。霧隠才蔵の逆さ霧の術の霧に隠れてひたひたと家康の陣に近づく真田幸村勢。術に夢中の才蔵を襲ったのが徳川方忍者服部半蔵、術がやぶれ、徳川勢は一斉に幸村らに襲いかかった。多勢に無勢の中、十勇士も、幸村も次々と討ち死にをした。

しかし伝説では、幸村は佐助とともに薩摩に逃れ、再起を期すこととなった。幸村はその後流浪《るろう》し、秋田の佐竹氏に保護され、大館《おおだて》に眠ったともいう。

戦国のヒーロー幸村は、各地に伝説として生きている。

③ 近世大名真田氏

関ヶ原戦後、真田信之は沼田と上田を支配し、豊臣氏滅亡後は近世大名として上田領を支配し、上田城下町の整備、農村復興策を次々と実施した。元和八年（一六二二）に松代へ移封となり、父祖伝来の上田・小県を離れることとなった。

信之の上田領支配

関ヶ原戦後に、上田新領主となった信之は、上田領六万八千石、沼田領二万七千石、合わせて九万五千石の大名となった。しばらくは、沼田城に在城しつつ上田も支配したとみられる。大坂夏の陣が終わった翌元和二年（一六一六）以後、沼田領は長男信吉にまかせ、自らは上田領支配に本格的に乗り出した。

上田での政庁は、破却された上田城の代わりに、堀をめぐらした藩主屋敷★をつくり、そこを拠点に上田・小県の領内整備を進めた。上田には、家臣団筆頭の矢沢但馬守頼幸をはじめ、木村土佐守、宮下藤右衛門、河原右京亮ら、沼田へは祢津志摩守幸直、原長左衛門、大熊勘右衛門、出浦《いでうら》対馬守ら、真田氏の古くからの有力家臣を重用して、それぞれ領政を担当させた。

真田信之像
（真田宝物館蔵）

▼藩主屋敷
現在の上田高校の場所。

信之は、家臣団に対して、慶長六年（一六〇一）頃から、一斉に知行地を検分し、改めて知行地を付与している。例えば、慶長六年に金井金右衛門には、もとの知行高一九貫文に新たに一一貫、合わせて三〇貫文、長井権助には武石《たけし》や長窪に二〇貫文を与えている。

藩主直轄の領地である御料所を各地に配し、代官に年貢収納にあたらせた。慶長八年に長瀬・塩川一帯の代官に任命された春原六左衛門へ、「厳重に蔵納（年貢収納）致すべき者也」（「大鋒院殿御事蹟稿」）とある。

有力家臣団の下に乗馬衆とか足軽衆と呼ばれる下級武士層がいた。彼らは同心とも呼ばれた。平時は農耕に従事したり、居城の警備にあたったりし、戦時には戦場で戦う任務があった。下級武士の知行地は、ほぼ五貫文程度であった。

『信濃国小縣郡年表★』に、江戸時代前期の武士の気風について、「凡そ民を督責、痛むるを以て武士の常とし、（民に）憐憫なる者は、僧法師の如しと嘲る」と、民に対して苛酷な支配をしていたことが推測され、民もまた「民は気力強さを主とし、剛性（強情）にして従わず、かつ平年といへども、農民は或は其処に安んずる能はず、収穫あれば直に売りて他州に走る。官（役人）やむを得ずその罪を宥《なだ》め、未進（年貢の未納）を免ず」とあり、これが実情に近いものであった。

信之は、戦乱で領地を離れた農民を呼び戻し、農村復興と領内治安の回復を図った。元和三年三月二十二日には、別所の代官に宛てて、別所村の百姓を新足軽

上田藩主屋敷と堀跡（現・上田高等学校）

▼『信濃国小縣郡年表』
旧上田藩士上野尚志がまとめた小県郡を中心とする歴史書。以下『小縣郡年表』と略記する。

に六人徴発したら、残る百姓が一切いなくなってしまったので、年貢の三分の一を免じるから、以前から欠落《かけおち》★していた百姓どもを早く召し返して田地を開発させるように、という命令を出している。

農村復興のために、年貢の減免や借金棒引き、土地開発をすれば三カ年か五カ年諸課役を免除することや、隷属農民で荒れ地を耕したものは本百姓身分に取り立てることや、手柄次第では武士に取り立てることなど、農民を農村に定着させるさまざまな政策をとっている。こうした召し返し政策が功を奏して、長久保新町では、作右衛門、文六ら七人の百姓が帰って来て田地を開いたので、一人につき一俵を合力（援助）として渡している。

一方、まだ戦国時代の遺風が残っていたため、主家を失った牢人らも各地を流浪していた。彼らの横行は、領内治安を乱すもとでもあった。そこで、通行人や牢人に宿を貸してはならない、もし村に定住したい者がいれば、代官に申し出ることなどの命令を出し、治安維持と百姓定住策をとっていた。

▼欠落
村を逃げてしまうこと。

上田城下町の整備

真田昌幸は、上田城築城と同時に城下町形成に着手した。上田城下町の中心は海野町と原町である。従来は、ほぼ同時期に整備されたと見られていたが、海野

町、次いで原町の順に整備されたとみられる。★

まず昌幸は、ゆかりの深い海野氏の本拠・海野郷（現・東御市《とうみ》）から寺社を移した。開善寺（のち海善寺）と八幡社、さらには願行寺《がんぎょうじ》を移して、城下町の護りに備えた。

海野郷は中世において六斎市★が立つほどのにぎわいを見せており、商人や職人が多数居住していたため、昌幸は城下町の商業的発展を目指し、まず海野郷の人々を集住させた。これが海野町のおこりである。

慶長五年（一六〇〇）の関ヶ原戦以後、信之が上田を支配するようになってから、真田氏の居館のあった原之郷からも商人・職人を移し、原町の形成が本格化した。下の写真は、慶長十年の原町の町割りについての初見史料である。内容は、殿様（真田信之）の命令で、それまでにできていた原町の区画直しをするが、その方（柳沢太郎兵衛）の屋敷がかかるので、間口二間、奥行き二八間のところを無役にして与えるというもので、真田氏家臣宮下藤右衛門が、柳沢太郎兵衛に命じている。柳沢太郎兵衛家は、代々海野町の本陣を務めた家である。

原町の割り直しが行われて十年ほど経った元和二年（一六一六）には、原町へ伝馬《てんま》役★を申しつけており、その一カ月後には、町奉行金井善兵衛に対して、原町の伝馬役や町の掃除を厳重に行うように命じている。この頃には原町もかなり整備されたものとみえる。

▼寺島隆史氏の調査による。

▼六斎市
月に六回の市。

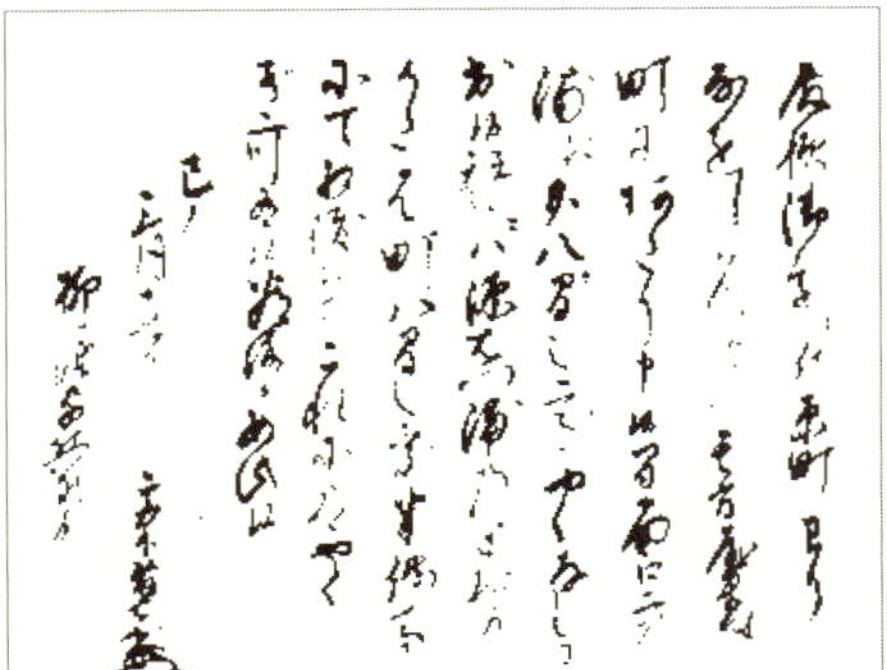

原町割り直し文書
（上田市立博物館蔵）

▼伝馬役
街道の宿ごとに公用の人馬を用意しておく役のこと。北国街道(北国脇往還とも)は、万治三年（一六六〇）に二五人二五疋の人馬常備を義務づけられた。

昌幸の時代の城下町は、堀や川で囲まれた惣構えの中にまとまっていた。信之の時代に次第に拡張したものである。元和二年（一六一六）に鍛冶町が造られ、紺屋町はその少し前にできたとみられる。

信之、松代へ移封

上田領の領内整備を進めていた信之であったが、元和八年（一六二二）に、突然、松代十万石への領地替えを命じられた。長男信吉に与えた沼田領はそのままで、上田領六万八千石から三万二千石の加増となり、栄転といえたが、上田築城以来四十年ほどの父祖伝来の地を離れる信之の心情は不本意なものがあった。同年十月十三日付けの家臣宛書状に、河中嶋に過分な知行を拝領した、殊に松城《ママ》は名城で、要の地なので我らに仕置きを任せると、（将軍秀忠が）直接仰せになられたので家の面目もたち、まことに祝着としながらも、追伸に上意であるので子孫のため、家存続のために移るのだという不本意の心情も吐露している。

元和八年十一月に、信之は代々仕えてきた譜代の家臣を多くひきつれて松代へ移った。真田氏ゆかりの開善寺、願行寺、長国寺、白鳥神社などの寺社も移し、領内整備を進めた。

しかし、松代へ移った家臣の中で、飯島庄九郎ら四八人が、寛永七年（一六三

松代城太鼓門（長野市松代）

○）に、生活難を理由に松代藩から暇をとり、元の村で帰農するという「四十八騎浪人事件★」がおこった。武士として生きるか農民として生きるか流動的な時代でもあった。

藩政もゆれていた。信之の長男信吉が沼田城を継ぎ、二男信政が明暦三年（一六五七）に松代領を継いだ。しかし、信政はその半年後に病没したため、信政の子で二歳の幸道が三代松代藩主となった。これには、沼田城主信利（信吉の子）が不満をもって相続争いが起きたので、信之が後見人として藩政をみることで、争いをおさめた。

松代藩への相続争いに敗れた信利は、領内総検地を実施し、表高三万石に対し十四万石余の石高を幕府に届け出、格式を高くみせようとした。さらに年貢増徴策をとったため、天和元年（一六八一）に磔茂佐衛門による大一揆が起き、幕府普請の遅れもとがめられ、同年に改易（取り潰し）されてしまった。

信之は万治元年（一六五八）に九十三歳の波乱の生涯を閉じた。戦国時代から江戸前期を生きた信之が存続を願った真田家は、信州随一の松代十万石大名家として明治まで続いた。

▼四十八騎浪人事件
寺島隆史「真田氏松代移封と知行給人―『四十八騎浪人』事件を中心に――」（『長野』一二三号）に紹介されている話。

真田信之霊屋
（長野市松代長国寺）

これも上田

上田城物語

真田石

上田城本丸東虎口櫓門の正面右手の石垣に直径約二・五メートルの大きな石がある。〝真田石〟と呼ばれる。信之が松代へ移そうとしたが動かなかったと伝えられるが、上田領民の真田氏を愛する気持ちから出た話である。

上田城は、昌幸が伊勢山に居住していたことから、当初は伊勢崎城とよばれ、天正十七年（一五八九）頃から上田城と呼ばれるようになった。名前は周囲の常田庄、上田庄の上田を取ったと考えられている。

構造は、本丸・二の丸（現在の上田城跡公園）とその東に三の丸を配する梯郭《ていかく》式という縄張りになっている。南は尼ヶ淵という千曲川の分流に接した要害であり、東側からの攻撃に備える構造となっているのは、徳川氏・北条氏らの攻撃に備えるためともいわれる。

関ヶ原戦後、沼田城は残されたが、上田城は徳川氏武将らにより破却された。破却以前の真田氏築城当時の様子を知らせるのが、金箔を施した鯱瓦や鬼瓦である。

平成二、三年（一九九〇、九一）の発掘調査で二の丸北西から金箔押しの鯱瓦や鬼瓦が発掘され、安土城瓦との共通性が指摘された。水堀の底からは菊花文様の軒丸瓦が多数発掘された。

安土城瓦の特徴は菊花文様軒丸瓦と金箔瓦であり、織田・豊臣系大名は同様の瓦をその城郭に使用した。昌幸が豊臣系武将である証がこの金箔瓦でもある。

金箔瓦
（上田市立博物館蔵）

真田氏時代の上田城は、山鹿素行《やまがそこう》『武家事紀』に第一次上田合戦の折、上田城を「天守もなき小城」と記されているように、石垣もなく建造物も少なく実戦的な城であったと推測される。しかし、安土城以後の城郭建築を模しての改修が順次すすめられ、鯱瓦や鬼瓦を配した本丸、二の丸、三の丸などの建造物のほかにも銃眼をあけた土塀がめぐらされていたと考えられる。

④ 領内支配を整備した仙石氏三代

真田氏に代わって入封した仙石氏は、上田城修築を行い、領内行政組織や農村支配体制を整えた。忠政、政俊、政明と、元和八年（一六二二）以降、上田を領する中で、矢沢知行所をおこし、財政の健全化を図るが、出石への転封を申し渡される。

仙石氏の入封と家臣団

元和八年（一六二二）に、真田信之が松代に転封され、代わりに、小諸《こもろ》から仙石氏が入ってきた。

仙石氏初代の秀久《ひでひさ》★は、美濃国出身の武将で、秀吉の最古参の家臣だった。九州征伐で島津軍に大敗し、いったんは秀吉から追放されたが、天正十八年（一五九〇）の小田原攻めで功績をあげ、信濃国佐久郡五万石の小諸城主となった。小諸城主として荒廃した農村の復興策を進め、領内を安定させ、貫高《かんだか》制を石高《こくだか》制に改めた。

秀久の長男久忠が盲目で検校《けんぎょう》となり、二男秀範は関ヶ原戦で豊臣方に加わったため廃嫡《はいちゃく》され、三男忠政《ただまさ》★が跡を継いだ。二代将軍秀忠の厚い信頼を得ていた忠政は、上田への領地替えを切望し、秀忠は、第二次上田合戦などで苦しめられ

仙石家家紋　永楽通宝

▼（仙石）秀久
天文二十一年（一五五二）～慶長十九年（一六一四）。戦国時代から江戸時代初期の武将。初代小諸藩主。

▼（仙石）忠政
天正六年（一五七八）～寛永五年（一六二八）。小諸藩二代藩主、のち初代仙石上田藩主。

た真田氏を本拠地上田から引き離したかったと考えられ、これを命じた。元和八年に、忠政は上田・小県五万石、川中島一万余の六万石を与えられ入封してきた。以後、三代、八十四年にわたり、上田領主として支配した。

　念願の上田城主となった忠政は、新田開発や産業の推進に力を注ぎ、農村支配を強化し、入封してまもなくの寛永三年（一六二六）に上田城の修築許可を得て着工した。しかし、完成を見ずに、寛永五年（一六二八）に病死した。

　忠政のあとは、十二歳の長男政俊★が跡を継いだが、幼少のため、江戸でしばらく過ごしていた。その間、主要家臣の間で藩内抗争があり、寛永十二年には筆頭家老の加藤主馬助が三人の子どもとともに藩の討ち手によって殺害され、家臣団から抹消された。政俊が上田にやってきたのはその翌年のことであった。

　家臣の争いが落ち着いた寛文三年（一六六三）には、「家中・領内施政条目」を出したが、喧嘩口論の禁止、領内百姓への不当禁止、百姓・町人の武士への無礼は不当と、領内の統率と安定を図る法令が注目される。

　政俊の子忠俊が有力な跡継ぎだったが、寛文七年に二十八歳で早世したため、政俊がしばらく藩主の座にいて、寛文九年、忠俊の子政明《まさあきら》★に家督を譲り隠居した。この時政俊の弟政勝に矢沢二千石を分知し、旗本仙石家矢沢知行所をおこした。

　政明は十一歳の若年だったので、政俊が後見役として藩政に影響をもち、政明の藩主襲封《しゅうほう》に際して、家中法度を出し、月三回の重臣会議での藩政運営を命じてい

仙石忠政画像
（狩野常信画／『仙石氏史料展』より）

▼（仙石）政俊
元和三年（一六一七）～延宝二年（一六七四）。仙石忠政の長男。寛永五年（一六二八）家督相続。常陸下館城在番、大坂城加番等。

▼（仙石）政明
万治二年（一六五九）～享保二年（一七一七）。仙石上田藩三代藩主。宝永三年（一七〇六）、出石藩へ転封。

る。領内支配・軍事組織などを整備した政俊は延宝二年（一六七四）に五十八歳で没した。墓は芳泉寺（上田市諏訪部）。

政明は、上田城改修をしたり、元禄十年（一六九七）に幕府から信濃国絵図作成を命ぜられ、小県・佐久二郡を担当した。政明は、宝永三年（一七〇六）に但馬国出石《いずし》へ転封になるまでの三十九年間の治世の間に、藩財政が窮乏し、家臣に知行や扶持の削減などを命じている。

元禄年間（一六八八〜一七〇四）頃の「仙石氏分限帳《ぶんげんちょう》」★をみると、仙石氏家臣団は、千二百石の仙石監物、千七百石の荒木玄蕃らをはじめ、百五十石以上の重臣・上級武士が約八〇人、一般武士が三〇〇人余、足軽など下級武士が約六〇〇人、残りの武家奉公人らを含めて、総計一二〇〇人余であった。

知行取りといって、直接農民から年貢を徴収でき、農民を使役できる知行地を有している上級武士も六五人ほどいた。もっとも、この知行取りは後になると、直接農民を支配する特権はなくなって、藩主から知行地分の俸禄米を支給される蔵米取りに変わっていく。

下級武士は、一日玄米五合分を年間二回か三回に分けて玄米もしくは籾や一部を金銭で支給される扶持米取りだった。五人扶持は扶持米五人分を支給される武士のことである。

上田仙石氏略系図

（　）内は家督を継いだ年

- 久盛（治兵衛）
  - 秀久（権兵衛、越前守）
    - ①忠政（三左衛門、兵部大輔）（元和八年上田へ）
      - ②政俊（兵介、越前守）（寛永五年）
        - 忠俊（兵部少輔、越前守）
          - ③政明（主税、越前守）（寛文九年）
      - 政則
      - 政勝（治左衛門、和泉守）（寛文九年、矢沢二千石分知）

▼分限帳　家臣名簿、名前のほか、俸禄高や役職などを記す。

家臣団組織は、戦時の番方という軍事組織がもとになっていた。寛永十四年に仙石政俊が大坂城加番《かばん》（大坂城警備役）を命ぜられた時の陣容は、先手組が一〇の物頭の支配下に置かれ、旗隊一〇本、鉄砲四隊各二〇〜三〇挺、弓隊三〇張、長柄槍隊五〇本などが組織されていた。

十七世紀後半になると、番方よりも役方という行政組織が実質的に必要となり、整備されていった。家臣団の最高位は家老で藩主を補佐した。城代家老は藩主が江戸に出府している間、上田藩の政務全般を担当した。郡代は、領内の知行地以外の政務全般を担当し、代官を指揮した。用人は藩主と家老の取り次ぎ役で重視された。

庶民に対しては郡奉行が村方支配を、町奉行が町方支配を担当した。江戸には、藩主が国元に滞在中に江戸屋敷を預かる留守居役がいた。

仙石氏の領内支配

仙石氏は入封後、領内一〇二カ村を、小泉組・浦野組・塩田組・田中組・国分寺組・洗馬組・塩尻組の七組の行政単位に分け、このほかに、武石村、川中島八カ村、上田城下町を組と同様の行政単位とする行政改革をした。これが江戸時代末期まで続く上田藩の行政組織となった。

各村には村役人が置かれ、村政全般を担当する庄屋は江戸時代初期から置かれていた。幕府領や小諸領では名主の呼称が多かった。庄屋や名主を補佐するのが組頭で、二人から五人くらいが選ばれた。長百姓や百姓代というのは、村役人の監査役で百姓代表の村役人である。庄屋呼称は、元和八年段階で書類にみえるが、組頭や長百姓呼称は、承応三年（一六五四）の貫高帳（土地台帳）に初めて各村共通にみられるようになるので、その頃に制度化されたものであろう。

村や町には五人組という組織が作られた。延宝五年（一六七七）の舞田地区の「五人組帳」をみると、三二世帯が七組の五人組に分けられていた。世帯別人員と女性については「女改帳」が作られていた。

この「五人組帳」の前書きには、キリシタン禁制、不審者に宿を貸さないこと、人身売買をしないこと、博奕・賭け事はしないこと、武士に会ったらかぶり物をとって道ばたでつくばうこと、五人組のうち村を逃げ出した者がいたら残る者が捜し出して農村に召し返

仙石氏入封以降の上田領内組組織

小泉組 11カ村	小牧、諏訪形、御所、中之条、下之条、上田原、築地、神畑、小泉、上室賀、下室賀
浦野組 15カ村	吉田、福田、岡、当郷、馬越、仁吉田、村松、越戸、入田沢、中村、中挾、殿戸、夫神、沓掛、奈良本
塩田組 22カ村	奈良尾、町屋、鈴子、石神、柳沢、平井寺、下之郷、五加、本郷、小島、保野、舞田、別所、八木沢、中野、十人、東前山、西前山、新町、手塚、山田、野倉
田中組 19カ村	東上田、東田沢、栗林、中曾根、上深井、下深井、海善寺、加沢、常田、田中、本海野、大屋、岩下、下青木、上青木、久保林、林之郷、中吉田、下吉田
国分寺 13カ村	堀、国分寺、上沢、黒坪、染屋、岩門、笹井、野竹、大久保、長島、新屋、伊勢山、金剛寺
洗馬組 10カ村	上原、中原、下原、大日向、真田、横沢、横尾、曲尾、上洗馬、軽井沢
塩尻組 12カ村	山口、房山、踏入、常田、鎌原、西脇、新町、諏訪部、生塚、秋和、上塩尻、下塩尻

このほかに、武石村、川中島８カ村、上田城下町が組同様の行政区画とされた

することなどの条目が示され、末尾に、違反者が出たらすぐに申し上げることと記された。相互監察と告発、連帯責任を意図した五人組制度であった。このように仙石氏時代に、江戸時代の上田領農村の仕組みがほぼ作られた。

念願の上田城改築

関ヶ原戦後、上田城は櫓等の建造物はもちろん、堀も埋められ徹底的に破却されていた。仙石忠政は、元和八年（一六二二）に真田氏から上田領を引き継いですぐに上田城修理を願い出て、寛永三年（一六二六）四月十六日付け修築許可状★を得た。上意（将軍の意向）を得て心のままに修築を許可するとの内容であった。江戸にいた忠政は、早速詳細な工事指示書を作成し、家臣を上田に派遣して、上田での現場総監督である原五郎右衛門へ事細かな指示を与えた。

その指示書には、丁場（工区）を八つに割ること、五月十二日より普請を開始すること、二の丸の堀は少なくとも年内に掘り上げること、去年（寛永二年）に用意しておいた普請道具を八組の普請頭に渡すこと、下に大石を据えてから柱を立て土手を築いてから土居を造ることなどとあり、その詳細な指示は、忠政が以前から上田城築城を念願していたことを物語る。

上田城本丸北東部に隅欠《すみおとし》があり、これは真田氏時代の鬼門除けの発想から出

▼修築許可状
信州植(上)田に於いて居城普請の儀、絵図の通り上意を得候ところ、心の儘に普請仕るべき旨、仰せ出だされ候、其の意を得らるべく候、恐惶謹言

寛永三丙寅
　四月十六日

永井信濃守尚政
井上主計頭政就
酒井讃岐守忠勝
土井大炊頭利勝
酒井雅楽頭忠世

仙石兵部大輔殿

た上田城の特徴である。堀幅を「古城」の通りに一五間とすることなど、忠政は真田氏時代の「古城」の復元にこだわっており、現在の本丸・二の丸はおそらく真田氏時代を復元したもので、その規模もほとんど変わっていないとみられる。

上田城修築に情熱を傾けた忠政であったが、病のため寛永五年（一六二六）に世を去った。築城工事は「普請いまだ落成に至らずして忠政病に臥す、依って暫く差し置く」（『改選仙石家譜』）とあり、中断したらしい。

その後、寛永十八年に石垣修理工事の許可が幕府から出ているが、忠政時代にできた石垣の修理工事であろう。貞享三年（一六八六）に、老中から仙石政明に宛てて、水道の修復許可状が出た。二の丸北口の土橋から東側の堀（現・陸上競技場）への木製樋の水道を石製の樋につけかえる工事の許可であった。元禄十五年（一七〇二）にも北口土橋の下の水抜き木樋が朽ちたので石樋への仕直し願いが出されている。

結局、上田城改築は未完成のまま、部分的修理をしつつ、明治時代の廃城を迎えたのだった。

矢沢知行所の成立

寛文九年（一六六九）に成立した旗本仙石家矢沢知行所は、矢沢村を中心に、

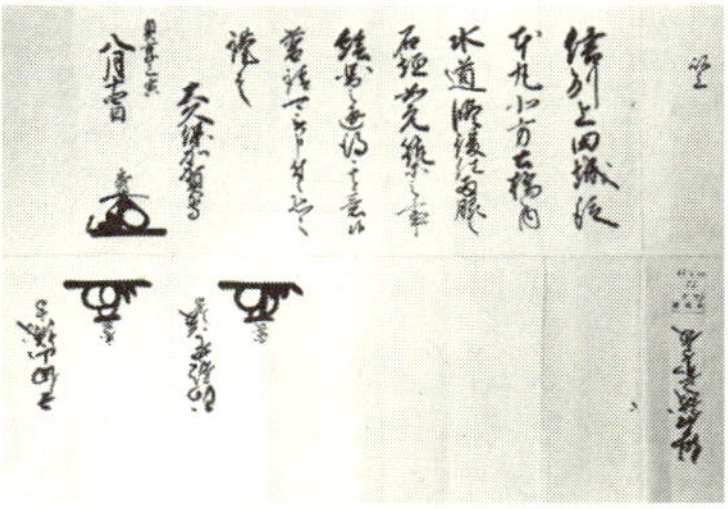

仙石政明宛修理許可老中連署状
（『仙石氏史料展』より）

上田城石樋
（上田市営陸上競技場東側）

赤坂村・石清水村・下郷村・漆戸村・森村・小井田村・林之郷村（一部）の各村々を、二千石の分知をうけて成立した。元文五年（一七四〇）の人口は一八六〇人（武士は含まない）であった。

初代政勝（在任期間／寛文九～元禄九）、二代政因《まさより》（元禄九～元文五）、三代政啓《まさひろ》（元文五～安永七）、四代政寅《まさとら》（安永七～寛政十一）、五代政和《まさかず》（寛政十一～文政七）、六代政寿《まさひさ》（文政七～天保元）、七代政相《まさとも》（天保元～明治二）と、七代約二百年の支配を続けた。幕府旗本として、政勝は小姓組、政啓は鎗奉行、政寅は浦賀奉行などを務めている。旗本は将軍直参《じきさん》で定府《じょうふ》（江戸詰め）が原則で、参勤交代はなく、陣屋は田中氏が代々代官を務めた。

戊辰戦争のさなかの慶応四年（一八六八／九月八日に明治と改元）二月、仙石政相は家族・家臣団三五人を連れて矢沢村に移り住んだ。同年十一月に新政府より東京定府を許可され、明治二年（一八六九）に、家族・家臣団とともに東京へ移った。

出石への転封

上田藩主仙石政明への出石転封命令は急だった。幕府が命じた普請の不手際が不興をかったともいわれる。宝永三年（一七〇六）正月十五日に老中から出府せよとの書類が届き、同十九日に江戸に向けて出発した。二十八日に政明が江戸城

矢沢知行所陣屋跡（上田市矢沢）

に登城すると、但馬国出石への国替えの命令をうけた。正月晦日に上田に届いた知らせには、すでに仙石氏の出石への転封と出石から松平氏が上田へ移ることが決定して書かれていた。

出石へ移る準備が慌ただしく始まった。仙石氏家臣の出石転封は、五月十六日から始まり、早くも六月二日には、幕府派遣の使者が立ち会いのもと、上田城の受け渡しが行われた。この時、城付き武具・施設類とともに、「旧知郷村高帳」、「旧知拝領以後改出帳」などの領内統治関連書類が松平氏に引き渡された。

全町村へ二、三カ月内での明細帳作成が命ぜられ、作成された村明細帳は、例えば「宝永三年戌五月十五日　信濃国小縣郡五加村指《（差）》出帳」とあり、五月十五日に提出されたことがわかる。これらは、『大日本近世史料』のうちに「上田藩村明細帳」（以下、「宝永差出帳」）として収められており、上田領だけでなく、全国的にも近世前期農村の実態を知ることができる貴重な資料となっている。

出石での仙石氏は、出石藩全領に差出帳を出させ、但馬四郡、丹後二郡、美作《みまさか》一郡などを、以後、明治まで支配した。

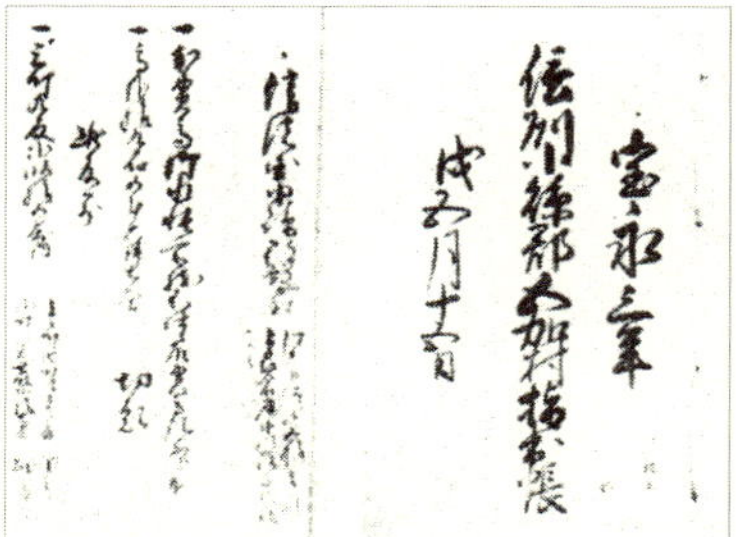

宝永差出帳・五加村
（上田市立博物館蔵）

慶応４年
上田藩領概念図

明治２年
信濃国県藩所領図

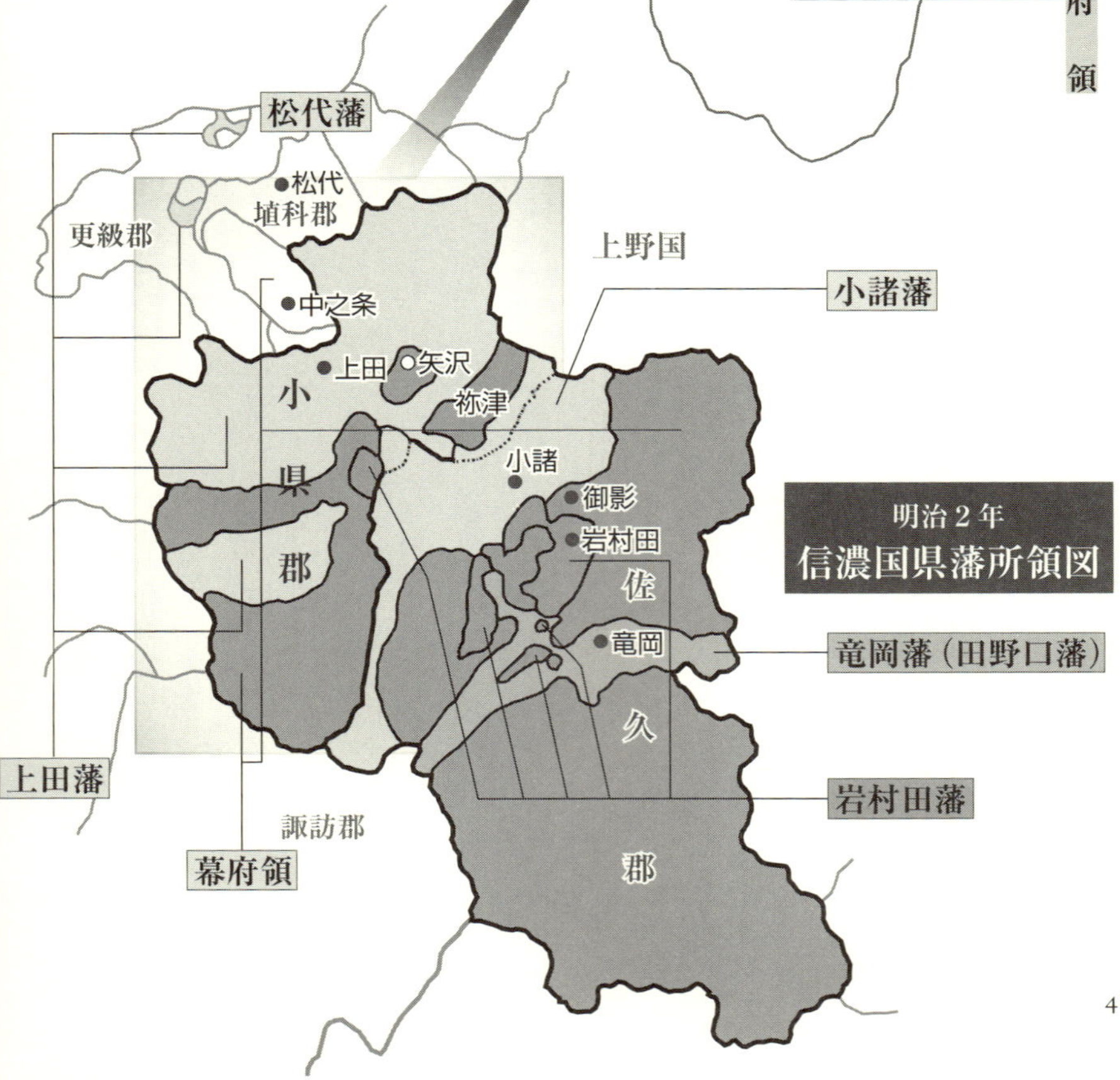

⑤

松平氏七代の治世

仙石氏のあと徳川氏一門の藤井松平氏が入封し、初代忠周、六代忠優が幕府老中として活躍した。十八世紀後半から財政が窮乏化し、幕末の改革も挫折、維新を迎えるが、松平氏は入封以来、明治の廃藩置県までの百六十五年間、上田藩主として領内支配を展開した。

松平忠周の入封

上田藩主になった松平氏は、徳川氏の一族同門であった。三河の藤井★に住んでいたので藤井松平氏と呼ばれた。

丹波篠山領主松平信吉の弟忠晴が、駿河田中、遠江掛川城主を経て丹波亀山三万八千石を領した。忠晴が寛文七年（一六六七）に隠居し、子の忠昭が相続したが、病弱で天和三年（一六八三）に没したため、忠昭の弟の忠周《ただちか》（もと忠栄《ただよし》）が亀山領を継いだ。忠周は貞享三年（一六八六）に武蔵岩槻四万八千石を領し、元禄十年（一六九七）に但馬出石四万八千石領主となり、宝永三年（一七〇六）、一万石の加増で上田領五万八千石を領することとなった。以後、忠愛《ただざね》、忠順《ただより》、忠済《ただまさ》、忠学《たださと》、忠優《ただます》、忠礼《ただなり》と、明治四年（一八七一）の廃藩置県に至るまでの百六十五年

▼藤井
現・愛知県安城市藤井町。

藤井松平家家紋
五三の桐

間、上田藩主として支配を続けた。

松平忠周は、貞享二年（一六八五）に二十五歳の若さで、幕府若年寄に起用された。その一カ月後に側用人となり、柳沢吉保らと綱吉政権を支えた。元禄十四年（一七〇一）には出石城石垣の修理の許可を、幕府老中より得ている。幕府中枢にいた忠周は、より江戸に近い領地への転封を願っていたとみられる。

上田領へ移封が決まると、忠周は家臣二名を派遣し、上田領をひそかに調査させた。西脇村ほか八カ村が無年貢であること、御林や松茸山を百姓らが自由にしていることなどが報告され、忠周は、上田藩主になって直ちに、西脇村ほかの無年貢地を課税地としている。新領地の把握のため、村明細帳の差し出しのほか、事前調査も行われていた。

上田藩主となった忠周は、領内へ二一カ条の法度を公布し、施政方針を示すとともに、知行取り★から蔵米取りへ家臣団の再編成をし、籾納から米納へ、宗門帳の作成、大庄屋制度の設置による農村支配の強化などの政策を進めた。ただし、忠周は、幕府の側用人の重職にあったので、定府（江戸詰め）のまま、これらの指示や命令を出していた。幕府側用人をやめた忠周は宝永六年（一七〇九）に初めて上田に入った。

享保二年（一七一七）に、八代将軍吉宗より拝領の領知目録には、小県郡八一カ村四万八千石、更級《さらしな》郡のうち八カ村一万石、計五万八千石のほかに、新田《しんでん》高七

松平忠周着用具足
（上田市指定文化財／上田市立博物館蔵）

▼知行取り
知行取りは知行高に応じた土地から直接年貢を徴収できる武士のことであるが、松平氏時代は実際は知行高に年貢率を掛けた量の玄米を藩から受け取った。一人扶持とは、一人一日玄米五合の割合で扶持人数に一年の日数を乗じた量の玄米で与える給付の仕方で、切米または蔵米というのは、一年間に藩の蔵から支給される米の量をいう。ほかに何両と現金で支給される者もいた。

千二百十一石余の支配が認められていた。忠周は同享保二年十一月に京都所司代になり、享保四年の朝鮮通信使の京都通行の際には応対にあたった。京都所司代になった忠周は、川中島一万石と幕府領近江国浅井郡・伊香郡のうち一万石との交換が認められ、京都での職務遂行にあてた。これは享保十五年にもとに戻っている。忠周は、享保九年に老中まで昇進している。享保十一年に国分寺三重塔を修復し、同年には足軽三二人が曳き馬の絵馬を紺屋町の八幡社に寄進している。これは上田領に残る最古の絵馬である。

享保十三年（一七二八）、忠周は六十八歳で没し、嫡男忠愛《ただざね》が上田領を継いだ。享保十五年に忠愛の弟忠容《ただやす》は塩崎五千石（塩崎村・今井村・上氷鉋《ひがの》村・中氷鉋村の一部）を分知され旗本となった。このため、上田領は五万三千石となり、以後明治まで変化はなかった。

八幡神社への奉納絵馬
（『松平氏史料集』より／八幡神社蔵）

江戸中・後期の上田藩主

二代藩主忠愛《ただざね》は、元禄十四年（一七〇一）に江戸で生まれ、初名を忠殷《ただしげ》という。享保十三年（一七二八）に家督相続後、忠愛と改め、同十六年に幕府奏者番を務めた。忠愛の時代には災厄が多く、享保十五年には上田城下町大火、同十七年には千曲《ちくま》川洪水、寛保二年（一七四二）には〝戌《いぬ》の満水《まんすい》〟と呼ばれる上田地方全域の大水害が起きた。

享保十七年の水害で、上田城の南の崖が大きく崩壊したため、石垣修築・造成工事が享保二十一年まで行われた。この石垣は現在もみられる。また、忠愛は八人以上の側室をもち、二六人の子女をもうけた。この忠愛の女好きでの遊興費は、災害の復旧費とともに、上田藩の財政逼迫の要因ともなった。元文五年（一七四〇）に税制を検見《けみ》法★から定免《じょうめん》法★に改正して増税を図った。寛延二年（一七四九）に病気のため隠居し大内記忠弘と称した。宝暦八年（一七五八）病没、五十八歳。

三代藩主忠順《ただより》は忠愛の嫡男。幼名新十郎。享保十一年、江戸生まれ。寛延二年に家督相続し、伊賀守となる。父と異なり有能で、就任時の家中への条目に、上下の間に意思疎通がないと間違いが起こる、故に万事手軽にして上下の情がよく通ずるように心がけよとの条目を出して、家中の華美をいましめ、倹約を訴えて、意欲的に治政にのぞんだ。父の代からの財政難は一層深刻化し、宝暦三年（一七五三）には家中全員に半知を命じ、同九年には家中倹約令を出している。結局、郡奉行や民政担当役人の増税策への不満が爆発し、宝暦十一年には上田領最大の百姓一揆である〝宝暦騒動〟が起き、年貢減免や庄屋交代制など農民の要求が認められ、以後、財政補塡《ほてん》は富裕商人への御用金賦課などに頼ることとなった。宝暦十三年幕府の奏者番、明和元年（一七六四）寺社奉行、安永四年（一七七五）には若年寄となった。天明三年（一七八三）、江戸で没す。五十八歳。

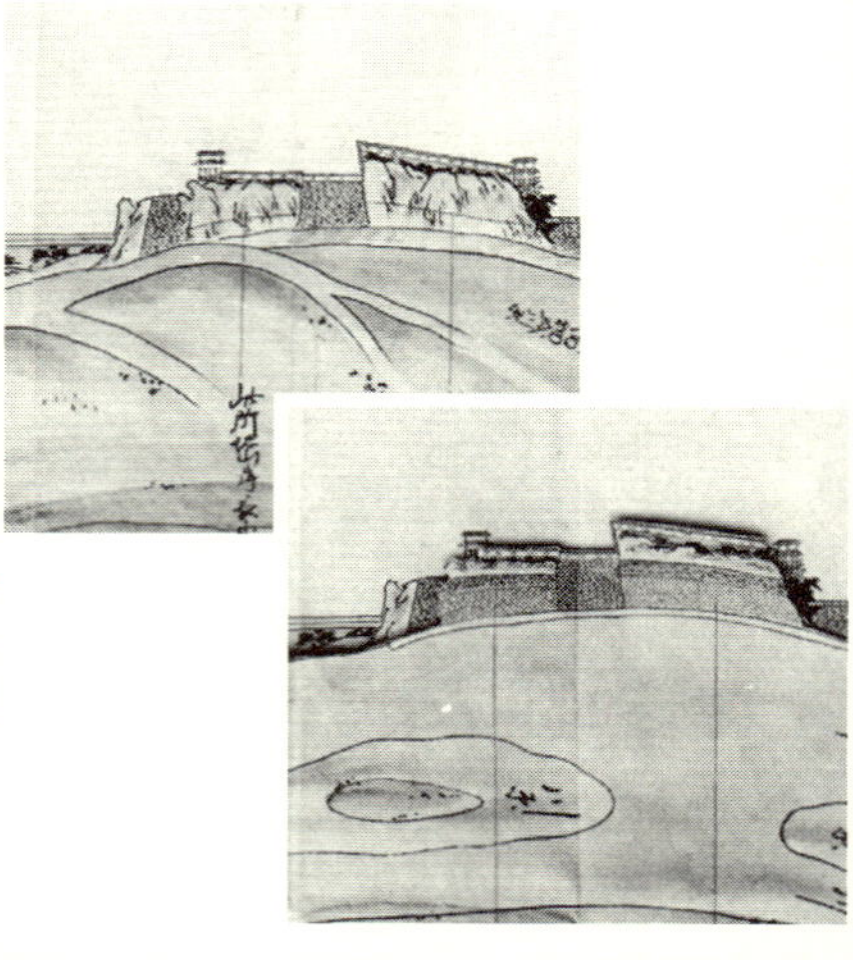

「享保十七年上田城普請之絵図」
（上が普請前、下が完成予定図）

▼検見法
役人が村を廻ってその年の作柄を検分調査して年貢額を決める方法。定免であっても、凶作の時などには、検見が行われた。明和七、八年、天明四、五年、寛政五、六年、天保三～十年、嘉永元、二、三年に検見が実施されている。

▼定免法
豊凶にかかわらず一定額の年貢納入を義務づける方法。上田領で定免法が一般化するのは寛保元年頃からである。検見に関する諸雑務が省かれ、財政安定にもつながるので、定免制が進行した。

四代藩主忠済《ただまさ》は忠順の嫡男で、寛延四年（一七五一）生まれ。通称は幸之助。天明三年に家督を相続した。天明八年と寛政四年（一七九二）に、将軍名代として日光社参を務めた。寛政元年の濃州・勢州への普請手伝い、同年上田屋形の焼失等の財政支出もあり、家中一統から家禄の一部を上納させるなどの策をとったが、財政難は深刻化した。そのため、百姓や町人身分から新規に役人を召し抱えて財務取り立てにあたらせた。文化九年（一八一二）に隠居し、文政十一年（一八二八）に没した。七十八歳。

五代藩主忠学《たださと》は、川中島分知松平忠明の二男として天明八年（一七八八）に生まれた。忠済の嗣子が早世のため、忠済の養子となり、文化九年に家督を相続した。領内文武奨励のため、文化十年に藩校明倫堂を設立した。忠学には文化九年以前に生まれた子栄之助がいたが、文政十二年（一八二九）に廃嫡し、姫路藩酒井忠実の二男玉之助を養子に迎え六代藩主忠優として家督相続させ、天保元年（一八三〇）に隠居した。この養子縁組は、幕府重鎮の酒井家の援助を得るためといわれる。嘉永四年（一八五一）没、六十四歳。

老中忠優と最後の藩主忠礼

六代忠優《ただます》は、文化九年（一八一二）生まれで幼名を玉之助という。上田藩家督

忠済書の大成殿額

忠学着用具足（上田市立博物館蔵）

相続後、実家酒井家の後ろ盾を得て、積極的に幕政参加を目指し、天保五年（一八三四）奏者番、同九年に寺社奉行加役となった。天保の改革をめぐり老中水野忠邦と対立し、一時、両役を罷免されたが、水野の失脚後、弘化元年（一八四四）に両役に復帰した。翌二年に大坂城代となり行列で入城した。嘉永元年（一八四八）に念願の老中に就任した。嘉永六年ペリー来航により、幕政の外交方針については、開国を主張し、また将軍跡継ぎ問題では譜代大名による幕府の主体性を主張した。安政二年（一八五五）にいったん老中を罷免されるが、同四年に返り咲き、忠固《ただかた》と改名し、安政五年の日米修好通商条約締結を推進した。彼は外国との条約調印は幕府専決事項として条約勅許（天皇の許し）不要論を展開した。しかし、調印直後に老中を罷免され、翌六年に急死した。四十八歳。在任中に富国強兵策を推進し、嘉永三年に西洋調練稽古、同七年鉄砲隊教令を出し、同年農兵隊養成計画を立てた。天保三年に綿羊飼育奨励、同七年山田池土手の甘草栽培奨励事業など殖産興業策を推進した。さらに、天保四年に産物改所、安政四年に産物会所を設置し、藩特産物の専売化を図ったが、商人の抵抗にあい、十分な成果が上がらなかった。新建という自作農創設策も試みたが、安政六年の急死により、諸施策は挫折した。

　七代忠礼《ただなり》は忠優の嫡男である。嘉永三年生まれで幼名を璋之助という。安政六年、十歳で家督を相続した。元治元年（一八六四）第一次長州征伐では長州藩が

「松平忠優大坂入城行列図」（上田市立博物館蔵）

恭順の意を示したため出兵せず、慶応元年（一八六五）の第二次長州征伐に幕府左右備えとして大坂へ出陣した。維新期では、迷った末に、新政府軍に加わり、慶応四年に越後長岡での北越戦争に出陣している。明治二年（一八六九）には版籍奉還を願い出て、上田藩知事に任命され、同四年の廃藩置県で上田藩は消滅した。明治五年に弟欽次郎とともにアメリカに留学し、帰国後は外務省などに勤務した。明治二十八年、四十六歳で没した。

藤井松平家の女たち

上田藩主の正室と側室★はどこからきたのだろうか。

初代上田藩主忠周の正室晃耀院は、伊予今治藩四万石松平定房の嫡子定経の娘で、二代今治藩主定時の養女として嫁いできたが、子のないままで病死したため、継室光寿院（栄）の子が二代忠愛となった。光寿院は京都の商人の娘で、女中としてついて来たところ忠周に気に入られ、側室となり、正室亡きあと、下野皆川藩の米倉昌明の養女という格式を得て継室（後妻）となった。

二代忠愛は正室をおかず、多くの側室と子を持ち遊蕩を繰り返した。二六人もの子女のうち一一人が早世し、三女のりきの墓は宗安寺（上田市岡）にある。許嫁《いいなずけ》が連珠院（為《ため》）といい、藤井松平家の縁戚で旗本本多忠能の娘だったが、婚

洋式兵装の松平忠礼（前列中央、慶応四年頃）
（『松平氏史料集』より）

▼正室と側室
藩主の正式な妻を正室、それ以外の妻を側室という。小宮山千佐「上田藩主松平家の妻妾（上）（下）」（『信濃』五九―一〇・一一、二〇〇七）の研究による。

忠愛三女りきの墓
（上田市宗安寺）

約中に亡くなっている。

三代忠順の正室知乗院（仲《なか》）は、近江彦根藩三十五万石井伊直惟《なおのぶ》の娘で、父の死後、次期藩主井伊直定の養女として嫁いできた。子がなく天明二年（一七八二）に没した。

四代忠済正室慧皓院《えこう》（兼《かね》）は、上野館林藩五万四千石松平武元の娘で、武元は幕府老中を延享四年（一七四七）から三十年余も務めた実力者であった。忠順は井伊家、松平武元などの幕閣の中心人物との縁で、宝暦騒動でも処分を免れ、若年寄などになれた。安永三年（一七七四）、忠済に嫁いだ慧皓院は五年後に、子のないまま亡くなった。忠済は、その後家老の木村家の娘のぶを側室にした。

五代藩主忠学の正室光相院（寿《つね》・矩《つね》）は、忠済の三女で、旗本家に嫁いだあと、実家の忠学に嫁いできた。二人の間には嫡子がなく、忠学の姪である三千を忠学の養女とし、姫路藩酒井家十四万石の二男玉之助を婿養子に迎え、六代忠優とした。貞倫院（三千）は子のないままで没し、側室のゆふは信、まちは栄二郎を産んだがいずれも早世し、井上氏出身のとしが産んだ子が七代忠礼となった。としは職人の娘で、松平家の侍女として仕えているうちに忠優の目にとまったという。

七代忠礼の正室寶《たか》は父が遠江掛川藩五万石太田資始《すけもと》で、明治二年（一八六九）に十五歳で、二十歳の忠礼のもとに嫁いだ。ところが、忠礼はこの結婚生活に不満で、三年後にアメリカに渡り、一夫一婦制の近代的婚姻制度を知って、夫婦は

松平家奥方所用の駕籠
（『松平氏史料集』より／竜洞院蔵）

互いに慕いあうものだが、寶は家事や身の回りのこともなかなかできないので離婚したいと家臣らに手紙を書いている。藩主の離婚申し出など想定外だった家臣らは側室を置けばよいなどと提案したが、忠礼は一夫一婦制を主張し聞かなかった。一方、寶は、離婚騒動中に、漢学・洋学・裁縫などの知識や技術を身につけるため、竹橋門外（東京）の女学校に三年も通学したが、晩学でもあり、才能もなかったのか、結局身につかず、鬱状態になり、とうとう明治十一年に離婚となった。翌年帰国した忠礼は、明治十三年に旧土佐高知新田《しんでん》藩一万三千石山内豊福の二女豊子と再婚した。豊子は、忠礼が明治二十八年に没したあとも長生きし、昭和二十年（一九四五）に八十一歳で亡くなっている。

江戸時代、大名家相互の縁組は自家の勢力拡大に使われ、同格以上から正室を迎える傾向があった。上田藩では正室の子は一人も跡継ぎがなく、側室の子や養子縁組で相続をした。七代忠礼の正室寶の離婚騒動から、江戸時代であれば、余儀なくも結婚生活を続けていただろうが、近代的夫婦生活のあり方を知った旧藩主で夫からの離婚要求に戸惑いつつ、近代的転換をしようとして果たせなかったお姫様、寶の悲哀も読み取ることができよう。

洋装姿の松平忠礼（左より二人目）
（『松平氏史料集』より）

松平上田藩藩主一覧――藤井松平家（家紋＝五三の桐、領知＝五万三千石、江戸城詰め席＝帝鑑之間）

松平忠晴《ただはる》	生没年（以下同）＝慶長三年（一五九八）～寛文九年（一六六九）。丹波亀山藩初代藩主で藤井松平家初代。正室は長晴院。
松平忠昭《ただあき》	正保元年（一六四四）～天和三年（一六八三）。忠晴二男、母は大八木氏。寛文七年（一六六七）家督相続。正室は栄昌院。
初代　松平忠周《ただちか》	寛文元年（一六六一）～享保十三年（一七二八）。忠晴の三男、母は木村氏。天和三年（一六八三）家督相続。若年寄、側用人を歴任。宝永三年（一七〇六）上田藩主となる。享保二年（一七一七）京都所司代、享保九年（一七二四）老中。従四位下・侍従兼伊賀守。正室は今治藩松平定時の養女・晃耀院。
二代　松平忠愛《ただざね》	元禄十四年（一七〇一）～宝暦八年（一七五八）。忠周三男、母は継室・米倉昌明の養女。享保十三年（一七二八）家督相続。従五位下・伊賀守。寛延二年（一七四九）隠居。許嫁は旗本本多忠能の娘・連珠院。
三代　松平忠順《ただより》	享保十一年（一七二六）～天明三年（一七八三）。忠愛の長男、母は杉浦氏。寛延二年（一七四九）家督相続。従五位下・伊賀守。正室は彦根藩井伊直定の養女・知乗院。
四代　松平忠済《ただまさ》	寛永四年（一七五一）～文政十一年（一八二八）。天明三年（一七八三）家督相続。従五位下・伊賀守。文化九年（一八一二）隠居。正室は浜田藩松平武元の娘・慧皓院。
五代　松平忠学《ただざと》	天明八年（一七八八）～嘉永四年（一八五一）。文化九年（一八一二）家督相続。従五位下・伊賀守。天保元年（一八三〇）隠居。正室は忠済の娘・光相院。
六代　松平忠優《ただます》（後に忠固《ただかた》）	文化九年（一八一二）～安政六年（一八五九）。天保元年（一八三〇）家督相続。嘉永元年（一八四八）老中、安政二年老中辞任。安政四年（一八五七）老中再任、同五年辞任。従四位下・伊賀守。正室は忠学の養女・貞倫院。
七代　松平忠礼《ただのり》（後にただなり）	嘉永三年（一八五〇）～明治二十八年（一八九五）。安政六年（一八五九）家督相続。戊辰戦争出兵。従五位下・伊賀守。正室は掛川藩太田資始の娘・寶。

⑥ 上田藩の機構

江戸時代の上田藩は、真田氏、仙石氏によって基礎がつくられ、松平氏時代が百六十年余続いた。松平氏は家臣団二一〇〇人余で、藩主は藩主屋形で藩政を行った。上田藩は江戸屋敷を複数有して、それらにおいての武家生活もあった。

松平氏家臣団は二一〇〇人余

松平氏五万三千石の家臣団は、享保十三年（一七二八）の「御家中分限帳」によれば、藩は家老・中老・用人・諸奉行以下五〇〇人の武士と約七〇〇人の足軽・小者など、合わせて一二〇〇人ほどの家臣団からなっている。これは仙石氏時代とほぼ同数で、一万石あたりおよそ二〇〇人前後の家臣団を抱え、全国の諸藩並みの規模を維持していた。下級武士のうち足軽は代々奉公したが、中間《ちゅうげん》クラスは一代奉公や年季奉公が多かった。

俸禄は、首席家老岡部九郎兵衛が六百石で、中老・用人・旗奉行・郡奉行・町奉行などの上級家臣五三人が五百石から百石ほど、馬廻・中小姓・目付などの中級武士二〇〇名余は百五十石から八十石ほど（実際は知行取りは形式で相応の扶持米支給）、徒士《かち》など二一〇人ほどの下級武士は大体十石三人扶持から六石三人扶持ほどを給付された。

家臣は、格式に応じた業務を与えられた。天保八年（一八三七）の「御家中分限役付帳」によれば、家老は御勝手総締めなど、用人は側用人や学校惣司・大殿様御奥引受役など、徒士頭（格）は簞笥奉行・勘定奉行など、給人席の武士は御納戸・御側勤め・盗賊改役・宗門改役・代官など、藩政の実務を担当した。

勘定奉行の下には、帳元・平勘定・金方・会所調役・地方調役・産物会所元締取締などを置き、小役人・表納戸小役人・物書・定番・広敷中番・下賄・下料理方・小細工方・椀方・塗師・檜物師・具足師などを差配した。

支配の仕組みは、家老（四人）、用人・側用人（一一人ほど）の下に、上田藩の民政担当として、村方は郡奉行（通常二名）――代官（通常四名、田中・洗馬組、塩尻・国分寺組、浦野・小泉組、塩田・武石・川中島組）――郷手代（担当組指定）、町方は、町奉行（通常一名）――町手代が支配した。

藩主の年中行事

藩主は、上田の御屋形《おやかた》で政務を行った。十八世紀後半の御屋形は一一六室もあり、表（大広間、書院、御用部屋など公的な政治の場）、勝手（藩主の居間や納

上田藩松平氏の職制

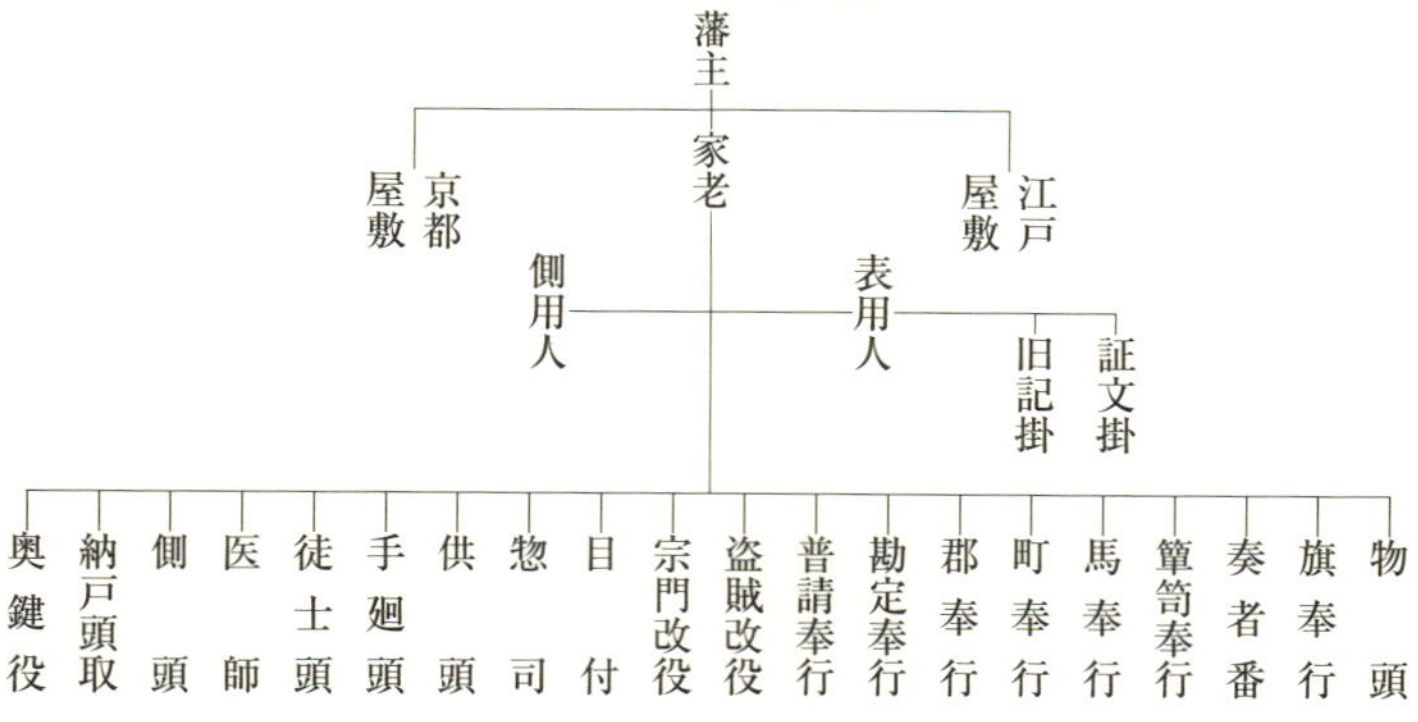

戸や賄い方など私的な場)、奥(藩主の寝室、湯殿、側室の部屋など)の三つの空間からなり、それぞれ高塀で区切り、入り口も別になっていた。

表空間の中で最も広いのが大広間で、上下二室で計一〇九畳もあった。ここで儀式や行事の時に藩主と三〇〇人もの上・中級家臣が対面した。大書院はさまざまな用途に使われ二室四二畳あった。

奥空間のうち藩主の御寝間は二室一八畳あったが、外雨戸で雨戸の上は鉄網が張られて、外からの侵入がしにくいように造ってあった。湯殿は七坪、清所(便所)は大小合わせて四坪あった。御屋形には側室の部屋はあったが、正室の部屋はない。正室は江戸屋敷に人質的に住まわされていたからである。

一年のうち、年の初めの正月に行事が一番多かった。御屋形では家臣、庄屋らの年始お礼をうけ、鏡開き、御具足開きなどがあった。

三月三日の上巳《じょうし》御祝儀(桃の節句)、五月五日の端午御祝儀(端午の節句)、七月七日の七夕御祝儀、九月九日の重陽《ちょうよう》御祝儀などでは、家臣らとの酒宴が催された。十一月の寒の入りでは、上級家臣一人ずつからご機嫌伺いを藩主がうけた。十二月二十八日には御歳暮御祝儀が行われた。これらのご祝儀やご機嫌伺いは、藩主と家臣らの主従意識を確認する大事な場となっていた。そのほか、前庭で武芸を見たり書院の間で読書を聞いたりした。

江戸にいる時には、正月には将軍への年始お礼のため江戸城に登城した。五節句の時にも登城して、儀式に参列した。将軍の日光社参には随行したり、御成《おなり》の際には、道路警備や清掃などにあたった。

上田藩江戸屋敷

上田藩は仙石氏時代には、上屋敷（外桜田から西久保）・中屋敷（築地から麻布鳥森）・下屋敷（渋谷）の三つの江戸屋敷★を持っていた。

上屋敷は藩主の江戸城登城のための常住屋敷で家臣団も居住した。中屋敷はその予備所、下屋敷は正室と子らが生活する屋敷という役割があった。

松平氏時代になると忠周、忠愛、忠順までは、上（大名小路、昌平橋御門内など）と下（芝新堀端、青山百人町、小石川大塚など）の二つ、忠済代からは中屋敷（浅草瓦町）が置かれ、幕末の忠優の時には、五カ所も屋敷があった。

上屋敷は、藩主の幕府の役職により屋敷替えが行われた。老中を経験した忠周や忠優の時は、江戸城に近い西の丸下（現・皇居外苑）に上屋敷を与えられたこともあった。長く使われた上屋敷は、昌平橋御門内（現・神田郵便局西隣）が約四五九〇坪、中屋敷は浅草瓦町（現・台東区柳橋二丁目）が約五一五五坪、下屋敷は青山百人町（現・青山）が五一〇〇坪ほどの広さであった。

江戸は大火など災害が多かった。文化三年（一八〇六）にも上屋敷が類焼した。

▼江戸屋敷
江戸での勤務用、また、大名の妻子を居住させた。伊東里津子「上田藩松平家の江戸屋敷」（『千曲』五一号）、東京大学地震研究所編『新収日本地震史料』（五巻、一九八四）による。各面積は時代により異なる。

安政二年（一八五五）十月二日に、江戸に大地震が発生した。いわゆる安政江戸地震で、江戸城中でも死者が出るほどで、約二〇〇〇人ほどの死傷者数といわれる。十月九日に老中首座となった堀田正睦《まさとし》の小川町屋敷も四一人もの死者を出し全焼した。この跡地は幕府に返上されることになり、十月十五日に堀田は、被害の比較的軽かった上田藩松平忠優の西の丸下の上屋敷と隣接する松平玄蕃頭忠恵《ただしげ》屋敷の二屋敷を拝領することになった。

上田藩上屋敷は、結局、堀田の旧小川町屋敷跡を、松平忠優と生実《おゆみ》藩森川俊民《としたみ》が拝領することに決まった。十二月十二日のことだった。その後、変遷があって、忠優の老中時代の安政四年に西の丸下の上屋敷に戻っている。

そのほか、深川扇橋（現・江東区白河四丁目付近）には自分で買い入れた抱え屋敷を持っており、初代忠周が京都所司代時代に入手した京都七本松《しちほんまつ》屋敷（現・上京区毘沙門町七本松）も幕末まで所持し、上田と京都との連絡に利用していた。

藩士娘の迷子札

写真が真鍮製小判形迷子札★である。一面に羊の絵、もう一面に「浅草瓦町、松平伊賀守内寺田市太郎娘せん」とある。羊の絵は、せんが安政六年未《ひつじ》年生まれという意味である。浅草瓦町は上田藩中屋敷があった場所である。上田藩主松平

❶が昌平橋御門内の上田藩江戸屋敷（天保十四年／『江戸名所図会』より）

忠優《ただます》の老中罷免にともない、江戸城西の丸下にあった老中のための屋敷を引き払い、安政五年（一八五八）から上屋敷として使用された。

「松平伊賀守内寺田市太郎」は上田藩士の履歴書「明細」（松平家文書、上田市立博物館蔵）によると、嘉永四年（一八五一）に二人扶持組外御徒士格で取り立てられ、同七年（安政元年）に茂姫の小笠原左衛門佐縁組取調用掛を父市兵衛と務めており、明治二年まで祐筆を務めていた。

藩主屋敷内に家臣用割長屋があって、幕末の「浅草瓦町御屋敷役名」（『上田藩松平家物語』）によると、九三名の家臣が住んでいた。三三番目に「御賄市兵衛」、三四番目に「御祐筆市太郎」の名があり、親子で隣り合って住んでいた。藩主屋敷内は、同一家臣の集団が生活空間を共有していた。が、一歩、屋敷外に出ると、そこは大江戸の繁華街浅草で、江戸の町で迷子になると、捜し出すのは現代とは比べものにならないほど困難であった。そこで幼児を連れて外出する際に、迷子除けの札を護符としてつけさせることがあった。

安政五年は、上田藩上屋敷が西の丸下から浅草瓦町へ移った年である。翌年、せんが生まれた。この迷子札は、浅草上屋敷に移って間もない時期に、外出することになった幼いせんへ、もし迷子になった時に連絡がとれるように身につけさせた、両親からの願いをこめた護り札だった。

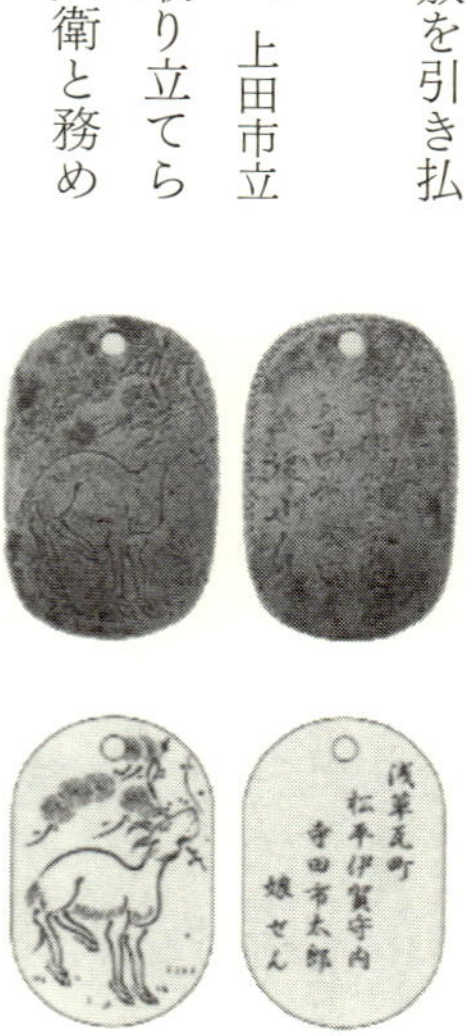

おせん迷子札

▼迷子札
神隠し、かどわかし、迷子にあわせてはならないとする親の願いでつくった幼児用の迷子除けの札のこと。木製と金属製とがあり、東京都の江戸東京博物館蔵の二点の真鍮製小判形迷子札が知られる。香山知加子「上田藩士の迷子札」（『千曲』一二八号）による。

7 藩主・武士の学芸

藩主層は京都文化への憧れを持ち、連歌や能、茶道などを嗜み、やがて一般武士・町人へと広がった。

上田藩の学問は安原貞平らの古義学を主流として展開した。

上田藩校明倫堂は、文化十年に設立され、幕末・維新期の藩士の教育を行った。

武家の嗜み

江戸初期、諸大名の京都への憧れを明確に示す文芸が連歌《れんが》★だった。真田信之が、家族や重臣たちと巻いた作品がある。

夢想

松しめをかざりさかふる真田殿　国やこほりをとるは君ゆへ
御調物舟路長閑にはこび来て　信之　風かすみぬるをちの海づら　氏女
よる浪も音なき春の暮ならし　信吉　岩ねの床に鳥はねぬめり　信政
刈のこす田づらの月はほのかにて　信頼（以下略）

慶長末年から元和初年頃と推定されるこの連歌作品は、現存する長野県下最古のもので、信之は上田真田家初代藩主、氏女は信之室小松姫、信吉、信政、信頼

▼連歌
和歌の上の句五七五と下の句七七を別の人が詠んで続ける歌あそびで、室町時代から戦国時代にかけて京都から地方へ大流行した。

は信之の子であり、真田氏の繁栄を願う連歌となっている。

真田氏のあと、上田に入封した仙石忠政も父秀久とともに早くから連歌を楽しんでいた。下って元禄年間の上田城下町絵図には、今の中央四丁目あたりに連歌丁（町）の名前もみえ、真田氏か仙石氏代の連歌師の名残を感じさせる。戦国期から江戸初期にかけて、真田氏や仙石氏とその重臣らの間に、親しまれていた上方由来の連歌は、武将らの教養でもあり、社交的にも連帯感を養う嗜みでもあった。

幕府は、能楽を幕府の式楽とし、正月二日（のち三日）の幕府謡い初めには諸大名が参列した。諸大名は競って名人級の能役者を召し抱えた。

松代藩三代藩主真田幸道に仕えた西村三郎兵衛は名人として知られた。真田家から加賀前田家を経て江戸の能役者の手に渡ったものという上田縞による現存最古の能衣装が、上田市立博物館に残されている。

文治政治と上田藩

元禄期に、幕府は全国の地方大名の領内風俗を探索させた。その調書『土芥寇《どかいこう》讎記《しゅうき》』に、仙石政明時代の上田の風俗が記されている。居城は信州小県郡上田で五万八千石であり、米がよくできるところで、禽獣や柴・薪が多く、海魚はい

能衣装
（上田市立博物館蔵）

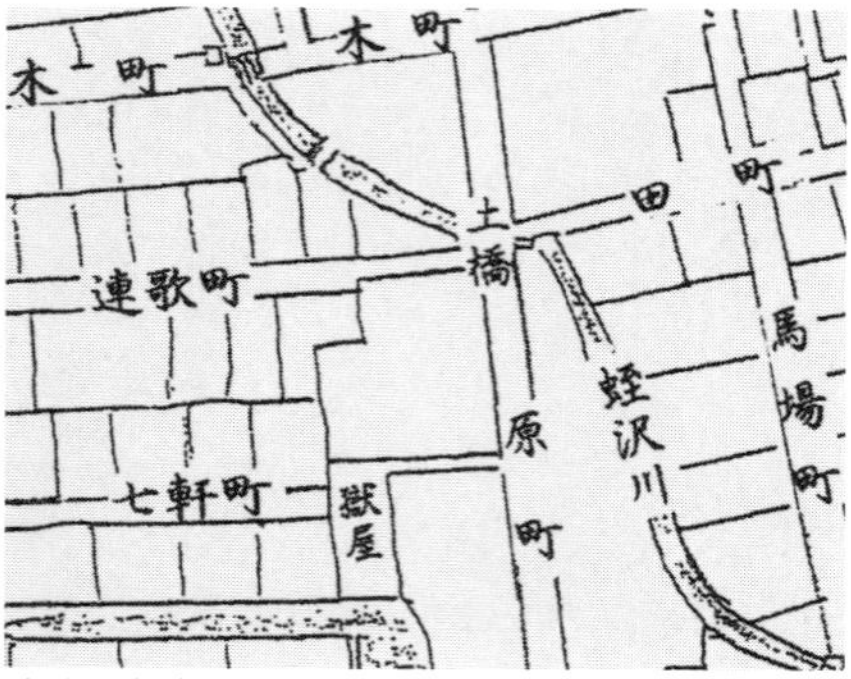

連歌丁（町）
（「上田城下町絵図」部分／『上田市誌』より）

ないことなどを述べ、「家中ノ風俗不宜」と評されている。田舎風であるということなのだろう。また政明は「文武ニ心ザシ有テ、生得悠然トシテ、行跡正ク、法ヲ守り、専ラ国家ノ仕置ス」とあり、文武に志があって、法をよく守るとも評価されている。

十七世紀半ば以後、領内支配は武力よりも行政能力の高さが求められるようになった。そのための基本的な学問に儒学★が用いられ、儒学などの学問や法で国内を治める政治、すなわち文治政治が展開した。

寛文九年（一六六九）に隠居した仙石政俊は、幼少の政明を補佐して寛文十年に「仙石政明二十カ条定書」（「在々百姓中可令触知条々」）という二〇カ条にのぼる定書を領民に触れた。その定書では、農業に専念すること、法度を守ること、村役人に従うことなどや、「人間万勤の根本は、上下ともに孝行の道なり、庶人の孝行は耕作に力をつくし、五穀をつくりたて、おごりをやめ、一銭もみだりに費やさずして父母・妻子を飢え・こごえにおよばさず、公儀の法度をそむかずして無事安穏に生涯をすごすことを百姓の孝と定めたまへり」と、儒学の道徳に基づいて孝行の道をつくすことの大切さを説いている。

元禄六年（一六九三）には、綱吉の儒学講席を仙石政明が聴聞したことがあり、忠孝を旨とする文治政治が上田藩にも届いていた。

▼儒学
孔子や孟子の教えを学ぶ学問で、江戸時代は中国の宋（九六〇～一二七九）代の学者朱子が広めた考えが朱子学として広まった。四書（大学・中庸・論語・孟子）、五経（易経・書経・詩経・礼記・春秋）などの書物を主な教科書とした。

松平氏の学芸と武家茶

初代上田藩主松平忠周は、工芸品にも関心があり、吉宗から拝領したという「片輪車《かたわぐるま》蒔絵《まきえ》螺鈿《らでん》手箱《てばこ》」（東京国立博物館蔵）も所蔵していた。和歌もよく嗜み、京都所司代時代は公家らとの歌会にもよく出ていた。遺墨には、「袖におけさぞなたびねの夢も見し思かたよりかよふ浦風」「我ながら思かものをとばかりに袖にしぐるゝ庭のまつ風」などが遺されている。

幕府奏者番などを務めた忠愛《ただざね》の時代には、絵師狩野永丹を抱えた。永丹の六曲一双の屏風が残っている。享保十三年（一七二八）の分限帳に「御画師　拾人扶持那須永丹」とある。

忠愛のあとの忠順《ただより》は茶や書画を好み、その子忠済《ただまさ》は、文武両道を心がけ、天明年間に武芸稽古所（現・上田市立第二中学校）をおこし、かたわらに孔子廟をたてた。文芸にも関心があり、書をよく残した。孔子廟に掲げてあった「大成殿」の字も忠済の書である。

忠済の跡を継いだ忠学《たださと》は、武芸稽古所を文化十年（一八一三）に明倫堂と改め、朱子学を講じさせた。

忠学の養子忠優《ただます》は、藩の文学校から武学校を独立させて、文武両道をすすめた。

狩野永丹筆の屏風（部分）
（上田市岡宗安寺蔵）

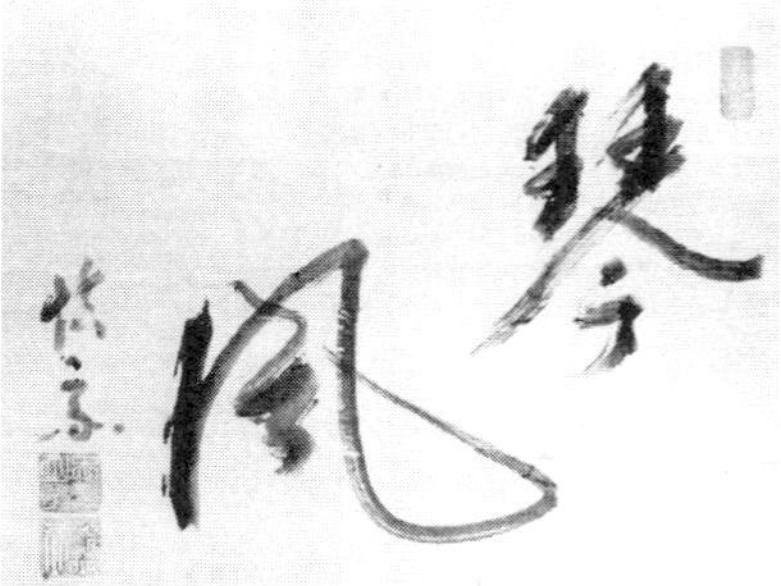
忠優の書「琴風」
（上田市立博物館蔵）

天保十一年（一八四〇）に江戸深川の下屋敷に武芸稽古所を設け、忠優自らも出て稽古し、在府の藩士に稽古をさせた。慎斎という号をもち、書画を嗜み、松図に「時わかぬみどりの松にいろはえてゆかりに寄（す）る春の藤浪」などの和歌を詠んだものや、「琴風」と記した書などが残されている。

上田藩最後の藩主となった忠礼《ただなり》は、恭斎という号をもち書をよく残した。書画などの学芸を嗜むことが藩主の教養として必須であった。

茶道も大名家に欠かせない嗜みであった。寛永年間には、藩主屋形の西裏に御茶園があり、また二の曲輪西南端に御茶屋があった。

仙石忠政は別所温泉にも茶屋屋敷を設けている。仙石政俊は、寛永十九年（一六四二）、常陸下館城（現・茨城県下館市）在番に向かった際に、二宮休徳という茶道師匠を随行させている。

松平家は代々茶道をよくした。松平忠愛時代の延享元年（一七四四）に書かれた「小泉郭御茶屋絵図」は、延べ五三畳で八部屋からなる茶屋屋敷の見取り図で、一二畳半の部屋は網代《あじろ》天井・竿縁黒塗り鋲打ち・総張付け近江表褐色縁と、贅沢な造りになっている。

松平家は茶道具や書画も良い物を集めていた。上田藩最後の藩主忠礼のあとの忠正が、財産処分をせまられ、大正元年（一九一二）に財産の売り立て★を行った。これは「伊賀様の入札」と呼ばれ、三五〇点余、一二万八〇〇〇円の売り立てと

上田松平家旧蔵茶道具等のゆくえ

片輪車蒔絵螺鈿手箱（国宝）	東京国立博物館
安国寺肩衝茶入	五島美術館
伊予簾尻膨茶碗	昭和美術館
菊花天目茶碗	藤田美術館
古手屋茶碗	三井文庫
真如堂茶碗	泉屋博古館
忠度茶入	野村美術館
鶉の図	根津美術館
忘水	根津美術館

田中友道氏調査（『上田市誌』）

▼大正元年の売り立て

主な品目と価格・購入者は、中興名物（千利休時代の名物とされた次のランクの茶道具）・唐物塁座《るいざ》茶入・九三〇〇円・早川周造、中興名物・瀬戸小大海《たいかい》茶入・値未詳・村山龍平、中興名物・菊花天目茶碗・四二〇〇円・藤田家、狩野元信筆・達磨之図・六三〇〇円・林信助、雪舟筆・雲山之図・値未詳・購入者未詳、中興名物・赤織部茶碗・一〇〇八円、高橋箒庵、など。

なった。

大正八年にはさらに良い物が売り立てられている。名物片輪車手箱が二四万九一〇〇円、尾形光琳筆草花二枚折屏風が五万二六〇〇円などの価格で売られた。片輪車手箱は、松平忠周が所持していた片輪車蒔絵螺鈿手箱で、現在、国宝として東京国立博物館に収蔵されている。ほかに上田松平家旧蔵で、公的美術館に収蔵されている主な美術品は前ページ表の通りである。

上田の儒学者安原貞平

仙石氏にかわって上田に入封した忠晴の子松平忠周《ただちか》は、朱子学★者林鳳岡《ほうこう》★の優れた門人である一色芳桂という学者を、宝永三年（一七〇六）に禄高百五十石で召し抱え、朱子学を講じさせた。一色芳桂の友人の上田藩士津田有栄もすぐれた学者だった。彼は一色芳桂とは違って、京都で教えていた儒学者伊藤仁斎に古義学★を学んだ。

一色芳桂のあとの上田藩の学者として、古義学派の安原貞平が江戸で召し抱えられた。貞平は近江国（現・滋賀県）出身で、幼い時に、近江の学者の中江藤樹に学んだあと、享保三年（一七一八）、二十一歳で京都の仁斎の子伊藤東涯に入門し、古義学を学んだ。上田藩へ召し抱えられてからは藩主忠愛や重臣らへ、仁愛

▼朱子学
宋の朱熹が孔子・孟子らの思想を体系化した学問で、江戸幕府の正式な学問となった。

▼林鳳岡
徳川綱吉に仕え、湯島の聖堂を整備した。

▼古義学
孔子や孟子の教えを、その著書である『論語』や『孟子』などから直接学び取ろうとする伊藤仁斎が始めた儒学の学派である。仁愛など日常の道徳実践を重視するこの学派は、平明で実践的であったため、全国から門人が集まった。

の実践的な古義学を講義した。忠愛の子忠順《ただより》の先生ともなり、寛延二年（一七四九）に忠順が藩主となってからは側頭として随行した。宝暦十一年（一七六一）に上田領全体に宝暦騒動といわれる大きな百姓一揆が起きた時、その温厚な人柄と厚い人望が買われて、臨時に郡奉行として、農民らへの説得にあたってもいる。召し抱えられてから五十年近く上田藩士に教授して、藩士の桂希言や、子の安原龍淵ら多くの門人を育て、安永九年（一七八〇）に上田で病没した。墓は大輪寺にあり、墓碑銘は伊藤東所（東涯の子）が書いているほどの、全国的に著名な学者で、上田藩学の基礎を築いた人物であった。

安原貞平のあとの上田藩の中心的学者に桂希言がいる。桂希言は、藩士桂覚右衛門吉治の長子で、十七、八歳頃、藩の儒学者安原龍淵（貞平子）に学び、学問を生涯の道とした。その学習ぶりは、友人との交際を絶ち、遊芸を退け、ひたすら読書に沈潜し、時に、徹夜になることもあったといわれる。『聖学志要』（一三巻）を著し、江戸に就学した。明和四年（一七六七）に禄高百石で家督相続し、家族の病気もあり、借金がかさみ、節約生活をしいられたが、学問への志を持ち続けた。天明八年（一七八八）に郡奉行に就任し、寛政五年（一七九三）まで務めた。文化七年（一八一〇）頃に『封内孝民伝』と『封内異行伝』をまとめた。内容は、親孝行な水呑み百姓の娘や、養父を扶助した孝子仁兵衛、狼から父を守って自らは命を落とした友八などの孝子伝である。希言は、文化八年（一八一一）

安原貞平額字「追遠」
（『上田藩の人物と文化』より／柳沢暢宏氏蔵）

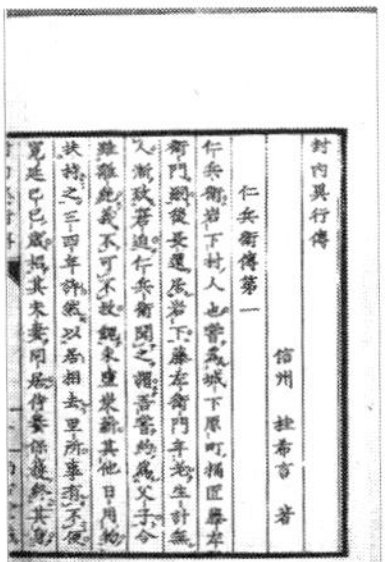
封内異行傳
仁兵衛傳第一
信州 桂希言 著
『封内異行伝』
（上田市立図書館蔵）

に没した。墓碑は月窓寺にあり、墓碑銘は門人山田維則が書いている。

明倫堂と教師たち

藩士への文教育は、はじめ儒臣による月次《つきなみ》講釈、儒臣の家塾での教育などで行われていたが、寛政二年（一七九〇）に朱子学以外を異学として禁ずる「寛政異学の禁」が出されてからは朱子学が主流となった。上田藩は、武士の子弟全体に文武教育を施すために、文化十年（一八一三）に藩校明倫堂を新参町に開いた。

文化十二年の明倫堂掲示では、学問は人の道を学ぶことだから道の実行に努めること、歯《し》（長幼の序）を重んずること、争い事はしないこと、行儀良く政治批判などはしないことなどを定めた。家臣の子弟は十歳以上二十歳までの者は、必ず日々修学することとした。

文学校の学科目は修身、和漢学、習礼（小笠原流）で、教科書は「四書★」や「五経★」、『大日本史』、『日本外史』、『十八史略』などを使った。

午前八時から十一時までが稽古（勉強）で、休日は五節句と毎月一日と十五日のみだった。試験は御吟味といい、惣司の吟味が毎年一回、または二回あった。試験内容は、素読（「四書」「五経」の素読）、弁（「四書」などの講義解釈）、弁書（「四書」などの字義大意を解釈して書き記す）だった。

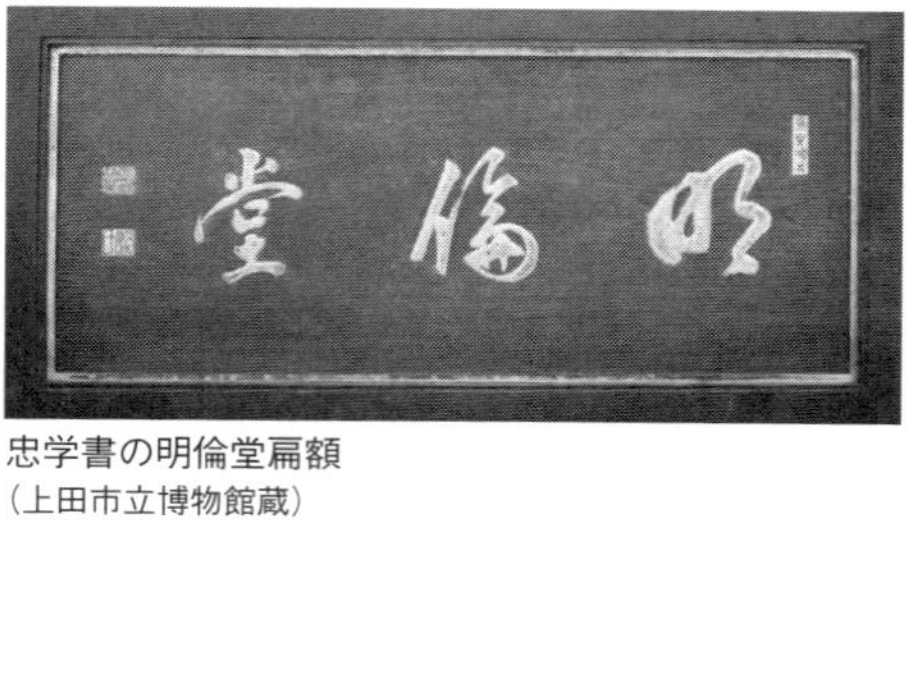
忠学書の明倫堂扁額
（上田市立博物館蔵）

▼四書
『大学』『中庸』『論語』『孟子』。

▼五経
『易経』『詩経』『書経』『礼記』『春秋』。

職員は惣司一人、講師一、二人、学監（学務担当者、学生の監督）二、三人、句読師及び助勤一二、三人、教授及び手伝い定員などで、学生の中から肝煎（生徒代表）や上座（成績優秀者）を選び、職員の補佐をさせた。

明倫堂は文武両道を掲げており、文学校のほかに武芸稽古の演武場も設け、鎗術・剣術・柔術を教授し、弓術・砲術・兵学・馬術は別に場所を設けて教授した。十歳から二十歳までは必ず文武五分五分に学ぶこととされ、四書をおよそ理解すると武術の一免許に準じられた。

明倫堂開校には儒学者加藤維藩と山田維則の尽力があった。加藤維藩は、安永七年（一七七八）生まれで、寛政八年（一七九六）に江戸に出て幕府儒官林大学頭に朱子学を学んだ。寛政二年の「寛政異学の禁」で朱子学が正学とされ、安原貞平以来の上田藩の伝統的学問であった古義学などは異学とされたためであった。寛政十一年には早くも藩主の子に読書を教授し、文化二年に二〇人扶持の藩の儒学者として召し抱えられて、藩士の師範となった。明倫堂創設にあたり、初代惣司（校長）となり、山田維則（二代目惣司）と共に、藩主の嗣子や藩士子弟の教育に従事し、幕末・維新期に活躍する藩士の多くを養成した。

天保元年（一八三〇）、松平忠優が藩主に就任した時、上田藩は巨額の赤字に苦しんでいた。維藩は、天保二年から用人・御用取次の実務を担当し、同四年には用人、同七年には勝手方を担当し、天保の飢饉や藩財政の赤字急増対策に追われ

明倫堂跡碑
（上田二中／上田市大手一）

た。翌年には病気を理由に一切の公職から離れ、藩政改革は天保七年に家老並となった藤井右膳とその部下である加藤彦五郎（維藩の子）らにまかせた。嘉永七年（一八五四）に七十七歳で没した。「廿六夜愛染明講中」などの書や、成沢寛経『大塔物語』序文などが残っている。

山田維則は、藩の儒者桂希言（金渓）に入門し、儒学を学んだ。天保元年に上田藩校明倫堂第二代惣司となり、天保四年に、涵養《かんよう》（敬を主として自然の本を養い育てること）、致知《ちち》（事実の道理を究め知ること）、力行（努力して行うこと）の三つの教育理念からなる「明倫堂学則」をまとめた。弘化元年（一八四四）、八十七歳で没した。著書に『六臣明弁録』などがある。

『小縣郡年表』は、旧上田藩士上野尚志《たかもと》が、江戸時代を中心に古代から明治期まで、上田地方や上田藩の出来事をまとめた歴史書である。上野尚志は健蔵ともいい、若くして江戸の儒者古賀侗庵《どうあん》に学び、天保五年に上田藩文武学校（「明倫堂」）の句読師助《くとうしじょ》となり、嘉永三年、塩尻組・国分寺組代官として、農村復興を担当、幕末には藩内抗争にまきこまれ、藩政批判のかどで職を解かれた。のち復権し、明治六年（一八七三）に設置された松平学校教員として指導にあたった。

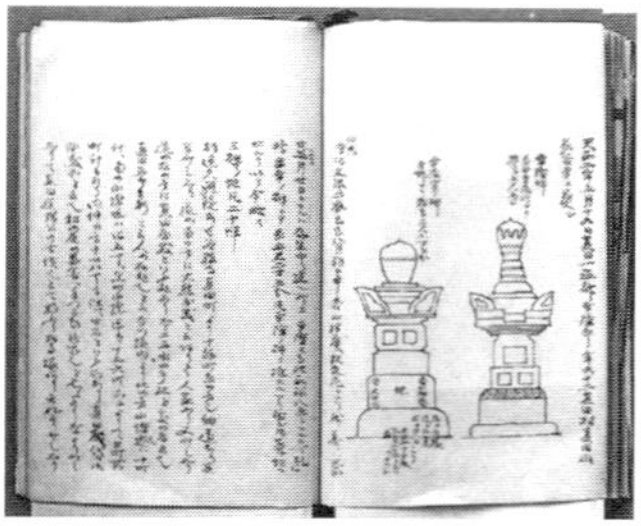

上野尚志著『信濃国小縣郡年表』草稿
（上田市立図書館蔵）

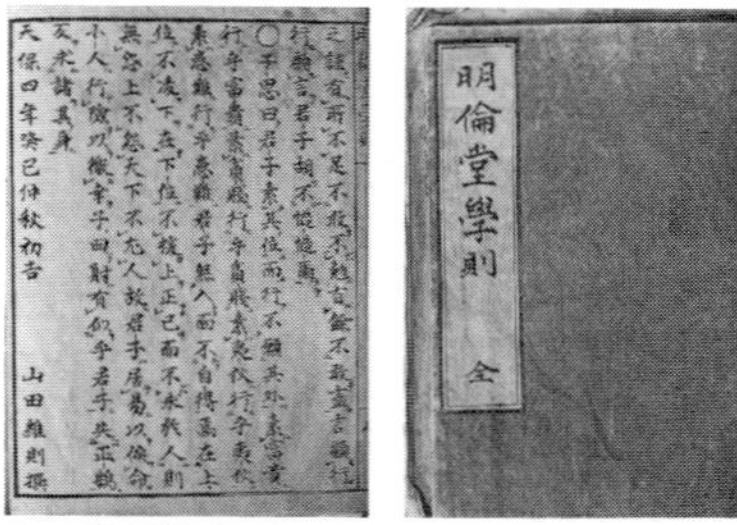

山田維則著『明倫堂学則』
（上田市立図書館蔵）

第二章 町と交通

上田町は北国街道の拠点、商業の中心地として賑わった。

①上田城下町の整備

上田城下町は真田氏時代から整備され、侍町と町人町からなる。町人町は海野町と原町が中心で運営され、人口はおよそ二五〇〇人だった。侍町は城や藩主屋形の周囲に形成され、番所によって町人町とは別空間に区切られていた。

町人町と侍町の変遷

上田城下町は、城・藩主屋形を囲む侍町と街道沿いから発達した町人町とからなる。海野氏ゆかりの海野郷や真田氏の居館もあった原之郷から、領民・寺社を移して海野町、ついで原町整備がすすめられた。

正保四年（一六四七）の「信州上田城絵図」を見ると、本丸、二の丸、藩主屋形を含む三の丸、東側の外曲輪が侍町で、北国街道（北国脇往還とも）に沿って横町、海野町、原町、紺屋町、鍛冶町、田町が町人町として区画整備され、鍛冶町・紺屋町は元和元年（一六一五）頃、本海野から鍛冶職人や紺屋職人が移されてできた。その後、海野町に横町、原町に田町・木町・柳町などが形成された。

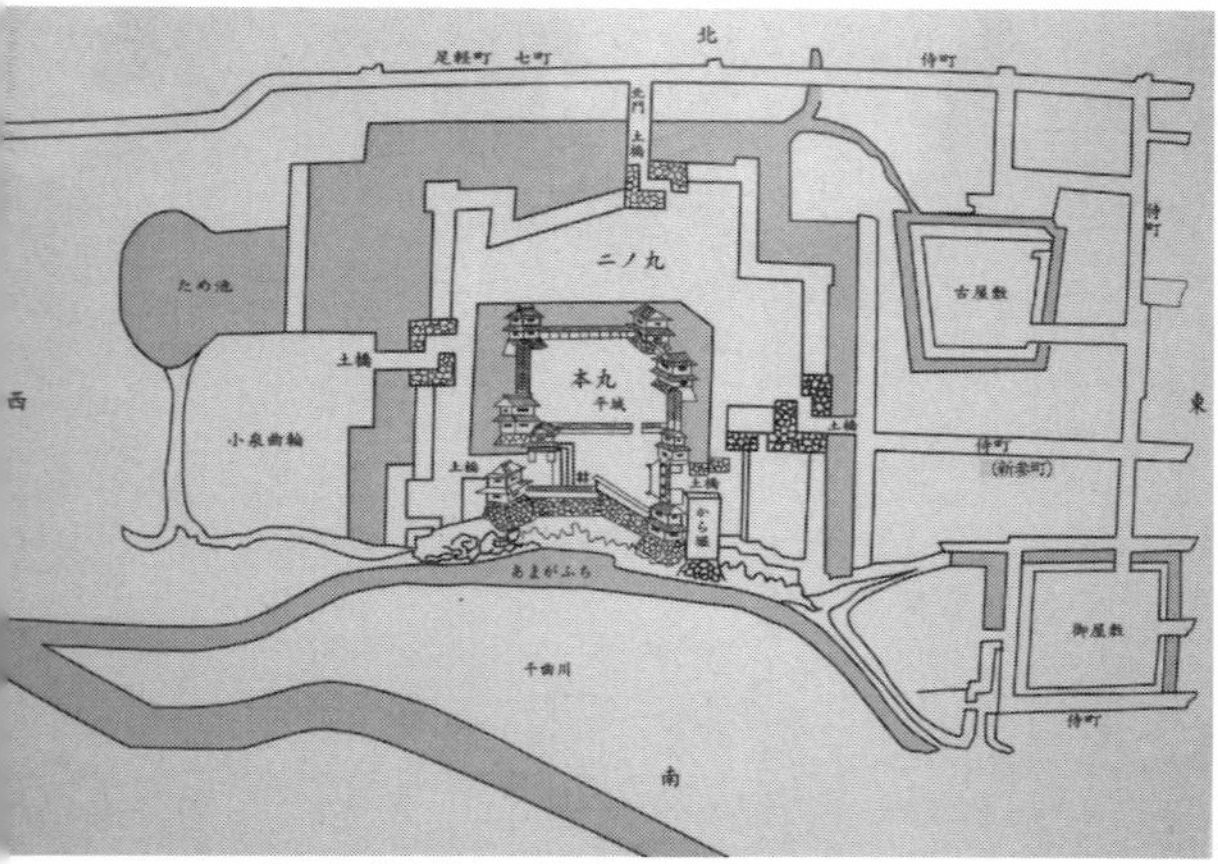

正保４年「信州上田城絵図」略図

城下の防衛のために町の外郭に、付近の農村から農民の移住が命ぜられ、北国街道沿いに東南の入り口に踏入村《ふみいり》・常田村《ときだ》、北西の入り口に鎌原村・西脇村・生《うぶ》塚《づか》村・秋和村《あきわ》、西南の松本・塩田方面入り口に諏訪部村、沼田街道口に房山村という八カ村が、いわゆる城下囲いの村として形成された。

寛文三年（一六六三）の上田町（町人分）の人口は、三五〇軒、二六一〇人ほどで、宝永三年（一七〇六）の差出帳では家数三五八軒とある。明治元年（一八六八）には四八〇軒、二五八三人となっている。この人口は、町人として登録されている者で、武士や長屋の下人らは含まれなかった。

江戸時代を通じて、軒数は漸増したが、人口は宝暦五年以降漸減している。これは、周辺の秋和・上塩尻などの村が町場化し、周辺への人口移動があったからだろう。

一般的に侍屋敷は、格式が高く、石高の多い上層家臣ほど、城や藩主屋形の近くに屋敷がおかれた。いざという時の備えである。元禄年間（一六八八〜〇四）、仙石政明時代の城下町絵図（以下元禄絵図）をみると、御屋鋪《おやしき》（藩主屋形、二六五〇坪）をとりかこむように仙石靭負（千二百石）、岩田図書（同）、家老今井助右衛門（五百石）らの屋敷が並び、御屋鋪から、まっすぐ東にのびた通り沿いに青木求馬（三百五十石）、磯野源太夫（五百石）、仙石半左衛門（七百石）など、七百石から三百石の家臣屋敷が配置され、その周囲に、二百石以上の家臣、さら

上田藩武家屋敷門
（河合家／現・上田市観光会館北隣）

上田町の人口

	軒　数	人　口
寛文３年（1663）	350	2610
宝永３年（1706）	358	3068
宝暦５年（1755）	413	2609
安政５年（1858）	438	2510
明治元年（1868）	480	2583

『上田市史』より

にその外郭に中・下級家臣屋敷が配置されている。北国街道からの敵勢への備えだったことがわかる。

松平氏時代のはじめ、享保末年（一七三〇年代前半）頃の絵図をみると、侍町の屋敷割りはほとんど変わっていないが、新たに「割屋敷」「割長屋」と記された、一つの広い屋敷を分割して徒士や足軽の家とした場所が増えた。例えば、元禄年間絵図に城の北側に横山藤左衛門、三好半太夫の屋敷があったが、約三、四十年後の「享保未年絵図」では、それぞれ割屋敷となっている。この傾向は、時代が下るにつれ強くなり、空き屋敷を分割した足軽長屋などが増えた。

文久二年（一八六二）、幕府は参勤交代の制度を緩和し、三年に一度としたため、江戸から帰国する武士の屋敷が必要になった。藩は宗吽寺《そううんじ》の常田村にある土地を献地させ、西脇村の土地を買い上げ、既存の武家屋敷を割り直すなどして侍屋敷や長屋を建てた。さらに、屋敷地ではなかった空き地に次々と屋敷や長屋を造って対応を急いだため、侍屋敷・長屋が、周辺の町人地や村にも造られた。

番所と高札場と時の鐘

町人町と侍町は基本的には別空間だった。町人町と侍町の間の道路には番所があって、出入りの監視や警備をしていた。海野町角の小松屋近くに海野町と侍町

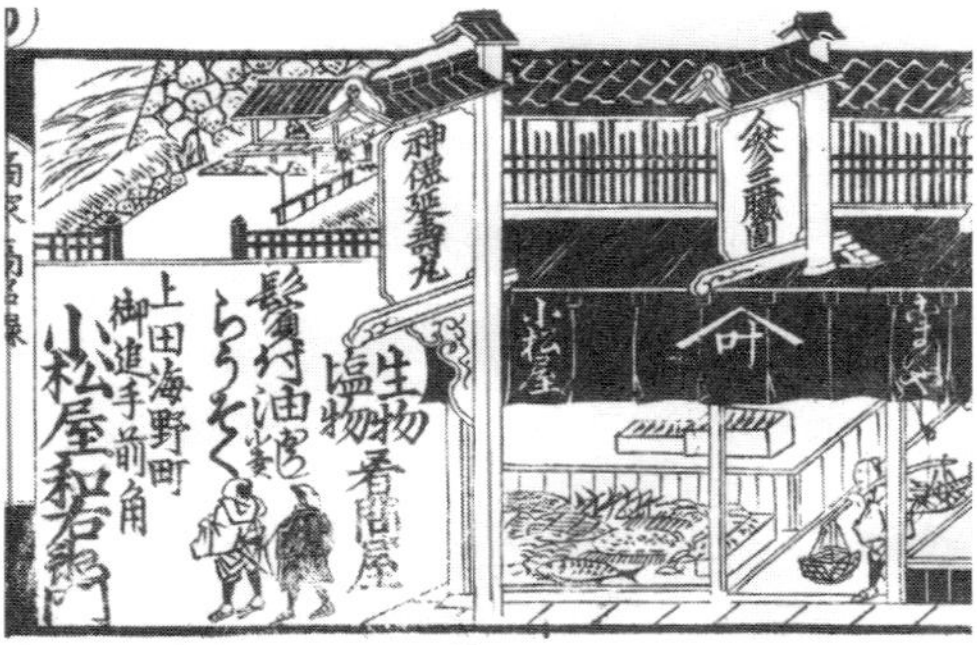

小松屋と追手口番所の図（『諸国道中商人鑑』）

（新参町）を区切る追手口番所があったことが、文政十年（一八二七）刊の『諸国道中商人鑑』（別名商家高名録）に描かれている。海野町から大手の堀を渡る土橋の手前に木戸と番所があり、土橋を渡ったところは石垣で枡形（方形の場所）に区切られ、突き当たりに追手番所があり、道は折れ曲がって、重臣の屋敷の並ぶ新参町へとつながっている。この三の曲輪追手口番所には、鉄砲五挺・弓三張・三つ道具（刺股《さすまた》・つき棒《ぼう》・袖搦《そでがらみ》）などがあり、上田城の玄関口にあたる重要な番所だったから警備も厳しかった。松平氏時代には、徒士格の上番一人と足軽級の中番二人の三人と、雑用係の下番が詰めていた。勤務の交代は、朝五ツ時（午前八時頃）と夕八ツ時（午後二時頃）、泊まり番は暮れ六ツ時（午後六時頃）から勤務した。

　木戸は追手門口の土橋前、海野町寄りにあり、大御門（大門）とも呼ばれ、明け六ツ（午前六時頃）の鐘がなると開き、暮れ六ツの鐘で閉じる決まりだった。暮れ六ツを過ぎると、大御門の脇の潜り戸から出入りできたが、暮れ五ツ（午後八時）を過ぎると、潜り戸にも錠がかかるので、門札や切手を持参した者は、鍵をあけて通してもらう手続きになっており、たいていは、暮れ六ツの門の閉まる前には帰宅していた。

　高札場は、領主の命令や法令を領民に伝えるために、城下町の中心に建てられた。文化十三年絵図をみると、海野町本陣問屋柳沢太郎兵衛家の通りに面して左

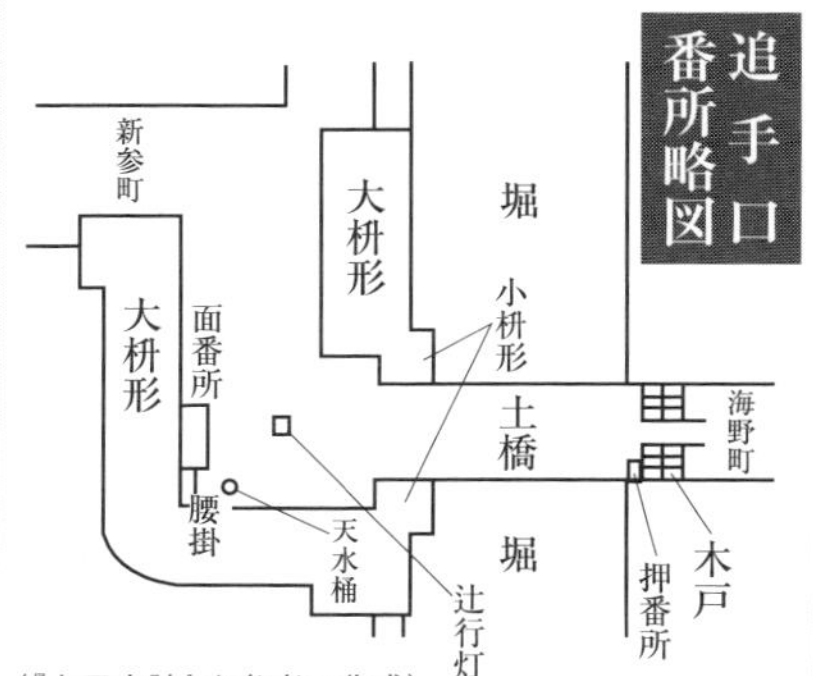

（『上田市誌』を参考に作成）

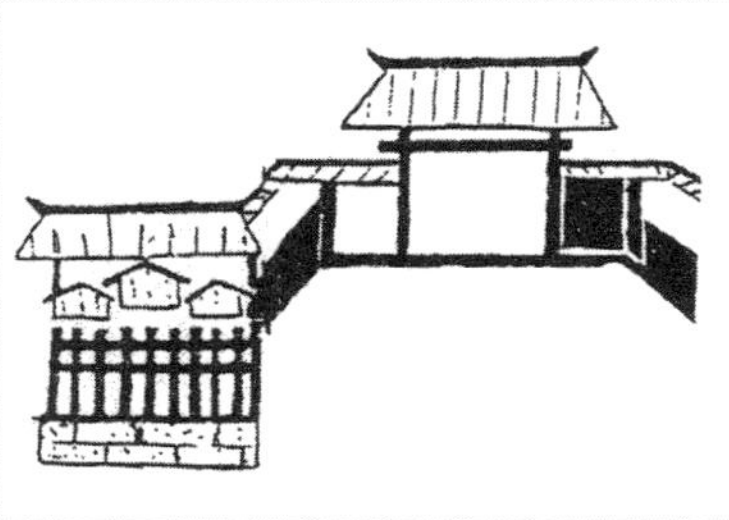
柳沢家本陣問屋入口脇の高札場
（『上田歴史地図』より）

側に置かれている。石垣を築き、柵をめぐらし、三枚の高札がかかっている。

　高札は、天和二年（一六八二）に出されたキリシタン禁札、忠孝札、毒薬禁札、宝永四年（一七〇七）の「近年道中宿々」などがあった。

　江戸時代は一日を一二時刻に分けて、子・丑・寅・卯・辰……と十二支をあて、子の刻（午前零時）、丑の刻（およそ午前二時）、と一刻を約二時間で時刻をあらわしていた。夜明けから日の入りまでが昼で、日の入りから夜明けまでが夜という不定時法だったから、昼の一刻の長さは、夏のほうが冬よりも長かった。

　城下町の人々は〝時の鐘〟を聞いて時を知った。時の鐘を撞く方法は、三つの捨て鐘のあと、時刻の鐘を撞いた。

　上田城下の時を知らせる鐘撞堂★は、藩の普請場である「作事場《さくじば》」（現・上田市清明小学校）の北側の、丸堀通りの中ほどにあった。延宝五年（一六七七）に、時の鐘撞き料を取り始めた記録（「本陣日記」）が初出するので、その頃、時の鐘が造られたとみられる。以来二百年以上、上田城下に時を告げてきた。

　鐘撞き料は、「一、金一両　油代　金井新兵衛支配、金六両　給金　御城下町在分出之、持番入次第」（「仙石家分限帳」）とあり、藩から油代（夜間の燈明代）が一両支給され、あとは鐘の音の聞こえる範囲の町在分から六両が撞き守に出されることになっていた。

上田城下の時の鐘

▼鐘撞堂
鐘撞堂は大正十四年（一九二五）にサイレンに変わり、昭和九年（一九三四）に上田城跡へ移った。昭和十八年に鐘が供出され、時の鐘は消滅した。昭和四十七年に復元され、現在に至る。

江戸の例では一打目の捨て鐘を長く、続けて二、三打目を撞き、間を置いてから時刻を知らせる鐘を撞いた。夜明けを知らせる明け六ツ（夜明けで夏は四時頃、冬は六時頃）の場合、捨て鐘三つ（○―○○）撞いて注意をひいたあと、少し間を置いて時刻の数の六つを、間を徐々に早くして撞き（○―○―○―○・○・○）、合計九つの鐘を撞いた。

自検断ならびに藩の犯罪捜査

江戸時代の上田藩領で発生した犯罪や裁許★はどのようなものだったろうか。

原町の問屋滝沢家の御用日記が「原町滝沢家日記」（以下、「問屋日記」と記す）で、延宝元年（一六七三）の年の暮れ、原町の酒屋与左衛門の奉公人吉蔵が衣類を盗まれた記事があった。盗んだのは、同じ酒屋に日用取り（日雇い）にきていた竹蔵だった。

竹蔵はしばらく遠方に逃げていて、ほとぼりがさめた頃、上田城下の紺屋町長屋に舞い戻っていたところを、延宝三年二月になって、与左衛門の奉公人らが発見し、押しかけ、その所持品を取り上げた。竹蔵は、嶋えりさし木綿布子《もめんぬのこ》★（表小紋、裏浅黄）一ツ、木綿袷《あわせ》★（表薄柿、裏はねずみ色）一ツ、木綿風呂敷一ツ、木綿小袋二ツ（ただし米一升ほどあり）、鼻紙袋一ツ（内、古かみそり一対、毛抜き一本）、木綿足袋一足、こでなわ網袋★一ツ、銭五〇〇文の八種を所持しており、これを取り上げて弁済ということで逃がした。この顛末を町年寄の九郎右衛門が、原町問屋滝沢助右衛門に同道してもらい、町奉行宅での定期寄合で報告して、この一件は落着している。

決着の仕方が重要である。盗人の所持品を取り上げ、それで弁済した形で逃が

▼**裁許**
裁判。尾崎行也『御用！ 近世信濃の犯科帳』（八十二文化財団、二〇一〇）による。

「原町滝沢家日記」
（滝沢助右衛門氏蔵）

▼**嶋えりさし木綿布子**
嶋柄のえりの木綿の綿入れ。

▼**木綿袷**
裏地のある木綿の着物。

▼**こでなわ網袋**
細い縄で編んだ袋。

し、奉行所へは事後報告でよかった。これは、戦国時代から続く村内での事件は村内で解決・処分するという自検断と呼ばれる習慣が、十七世紀後半まで活きていたことを意味する。

上田藩は、元禄九年（一六九六）の「諸勧進法度」で勧進★を禁ずるとし、元禄十二年には盗人を見つけたら捕らえよ、もし抵抗したら斬ってもよいという町触れを出し、本格的な盗賊逮捕、犯罪捜査に乗り出すことにした。

元禄十三年に、上田城下町では初めて町奉行の配下に治安維持にあたる町組を置いた。この頃村では、被差別部落の人々を盗人逮捕などの治安維持にあたらせ始めた。幕末の史料をみると、町奉行のもとに町手代二人、小頭一五人を置き、ほかに盗賊奉行を置いて、警察事務にあたっていた。

江戸時代前期の町や村にみられた犯罪を自主解決する慣習は、江戸時代後期には、警察制度や司法組織の整備により、藩権力が掌握すべきものとなった。

そのため、寛政十二年（一八〇〇）に、上田領本海野村で、村役人らが村内で博奕取り締まりのため、博奕をした者から過料（罰金）を取ったところ、上田藩の盗賊改役所へ庄屋らが呼び出され、村で勝手に博奕を取り締まり、過料を取ったのは不届きなる取り計らいであるから、庄屋・組頭へ五貫文の過料を命ずると言い渡された。村内での犯罪の自主解決は越権行為、違法とさえ考えられるようになっていた。

▼勧進
寄付依頼行為で、この場合は物乞いをさす。

死罪の裁許

明治大学博物館蔵田中組文書中に上田藩裁許（裁判）記録六冊がある。六冊のうち最初のものが「裁許留　寛政六寅年ヨリ文化年終（十四年）マテ」である。文化三年（一八〇六）分の裁許記録をみると、二七件の事件が記載され、約二〇〇人が処罰されていた。そのうち、死罪★が三件もあった。

死罪一件目は盗品の質入れ事件に関してである。一月二十七日に申し渡しがあり、盗んで質入れした清七は百敲《たた》き★の上、江戸追放、盗品を買った川中島戸部村（現・長野市）の六右衛門は死罪、房山村の質屋七郎右衛門は盗品を取り上げの上、過料銭三貫文、売り払いの仲介をした戸部村の惣左衛門と四郎兵衛は、世話料取り上げ、三十日手鎖の処罰を受けた。盗品を買った六右衛門が死罪になったのは、おそらく前にも同様な犯罪を行い、重犯だったため死罪とされたのだろう。かつては取り逃がされ、自主解決の道があった窃盗も重罪となった。

死罪二件目は火付けで、六月二十四日に裁許が下った。下塩尻村 帳外《ちょうがい》の権次郎が村に立ち帰り、火付け（放火）をした罪で死罪の上、掛け首（さらし首）にされた。帳外とは宗門帳から外された者で、いわば戸籍のない無宿者である。立ち帰りというのは、追放された者が無断で戻ってくることでこれも罪となるが、

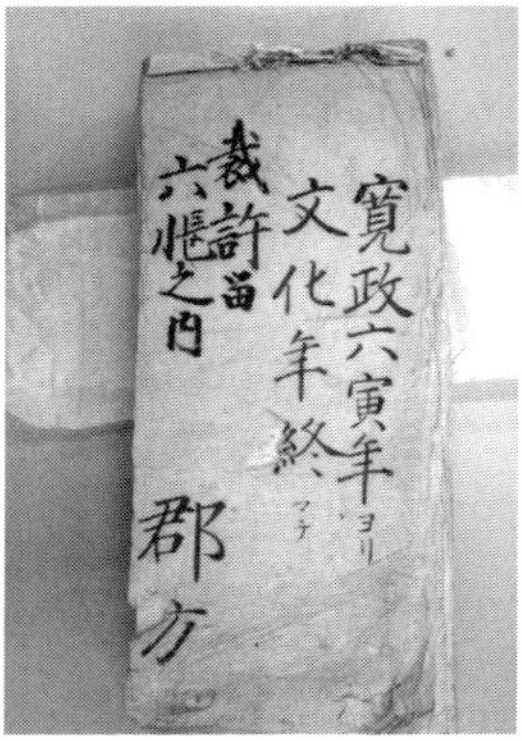

上田藩裁許留（明治大学博物館蔵）

▼死罪
首を刎ね、死骸を時に試し切りにする刑罰。

▼百敲き
ムチや棒などで背骨を外して背中を敲く刑罰で、役人が痛みを感じさせるため気を失わせないように打った。

権次郎はさらに火付けをしてしまった。火付けは木造家屋の江戸時代だから大火の危険があり、重罪で、失火でも処罰され、町役人らも連帯責任を負わされる犯罪であった。

死罪三件目は九月十日に言い渡された。武石村百姓民右衛門（二十八歳）が、さむ（妻か？）を打ち殺した罪で、打ち首による死罪とされた。殺人は死罪であった。しかも、さむの親も民右衛門の親も、平日教訓不行き届きとして、翌日、急度叱りの処分をうけた。叱りは叱責をうけることである。

文化三年の上田領では、窃盗の累犯、火付け、殺人が死罪となった。

博奕の取り締まり

寛政期頃から地場産業が発達し、商品流通が盛んになると、奉公人や輸送関係者らの現金収入も増え、それにともない博奕も広がった。賭場で庶民に金をかけさせ、場所代や手数料等をとって渡世（生活）する博徒も生まれた。彼らは無宿者らを集めて帯刀し、警察組織の弱い地方の幕府領や旗本領、街道沿いなどに一家を組み、広域化した。そのため、幕府は文化二年（一八〇五）に関東取締出役（八州廻り）を設置し、幕府領だけでなく各藩領をも捜査できるようにしている。上田領内でも、養蚕業の発達した寛政期以降、博奕事件が頻繁に発生した。

上田藩裁許留──文化3（1806）年死罪関係分

月日	村	名前	罪状	申し渡し
1月27日	上室賀村	清七	盗物質入	百敲きの上江戸追放
	戸部村	六右衛門	盗物買取	死罪
	房山村	質屋・七郎右衛門	盗物入手	盗物取上・過料銭3貫文
	戸部村	惣左衛門・四郎兵衛	口入売払	世話料取上・30日手鎖
6月24日	下塩尻村	帳外・権次郎	立帰、火付	死罪の上掛け首
9月10日	武石村	百姓民右衛門	さむ打殺し	死罪の上打ち首
9月11日	同上	さむ親小兵衛	平日教訓不行き届き	急度叱り
	同上	民右衛門親又四郎	同上	同上

尾崎行也『御用！　近世信濃の犯科帳』90〜94頁、「上田藩裁許留」より作成

文化三年の初め、笹井村の嘉十が、昨年までに六度の博奕宿（博奕をする場）を開いた罪で吟味中、手鎖を命ぜられていたにもかかわらず、手鎖を外し、近所を出歩いていたのが判明し、重々不届きとして領分追放を申しつけられた。

天保期になると、博奕がさらに日常化していき、藩の対応も変化した。村での取り締まりを認め、嘉永四年（一八五一）には、割番庄屋に、博奕について村ごとに罰則をつくって取り締まるように触れている。

こうして各村では博奕への罰則を決めた。違反者に対して、岩下村では、五カ年、下駄・傘・暑寒のかぶり物を禁止とした。下駄や傘の禁止は身分的に一段低める意味合いがあり、暑さや寒さ除けのかぶり物ができないのは辛いものがある。加沢村では、三カ年、博奕宿は五カ年、それぞれ糸鬢《びん》に剃り落とさせた。糸鬢は鬢を細くするもので、一目で博奕をしたことがわかった。東田沢村では三カ年葬式道具を持ち運ばせ、海善寺村では、三カ年村の触れ役や廻状配達をさせた。それぞれ屈辱を感じさせるような見せしめで、博奕をやめさせようとした。

しかし、やはり博奕はなくならなかった。人々の賭け事への関心は変わらぬものがあった。

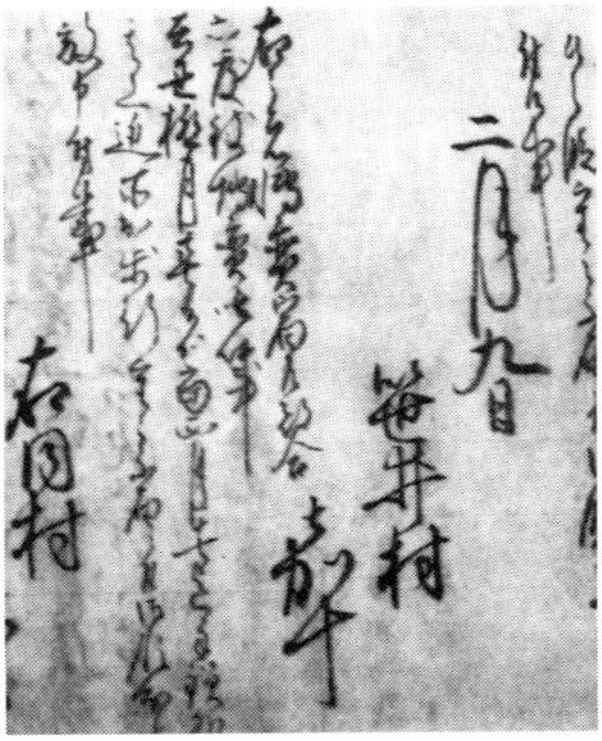

笹井村嘉十が博奕により領分追放となったことが記されている（「上田藩裁許留」）

②北国街道と旅

北国街道は北陸と信濃と江戸を結ぶ主要道で、上田はその要地だった。上田から保福寺、上州道、祢津道などが伸びて、地域生活をささえていた。大名・武士・商人、文人、伊勢参り、善光寺参りなどの旅人が足繁く往来した。

北国街道と上田宿

江戸時代の街道は慶長年間に日本橋を起点として五街道が整備され、そのほかの脇街道等も整えられ、幕府道中奉行の支配に置かれた。

上田宿を通る北国街道（北国脇往還、北国脇街道とも）は、追分で中山道と分かれて、小諸宿、田中宿、海野宿、上田宿、坂木宿、屋代宿を過ぎて千曲川を渡り、善光寺を経て、直江津で北陸道に接続するまでの街道である。途中、屋代宿から松代宿への松代道も脇道として知られる。

慶長八年（一六〇三）の「定　この御朱印なくして伝馬いたすべからざるもの也、仍而件の如し」（宮原家文書）が、北国脇往還最古の家康朱印状で、同年から本格的に、宿駅整備がすすんだと見られる。佐渡からの金を運ぶ佐渡道の一つと

して、中山道などの五街道に次ぐ重要な道で、善光寺道とも呼ばれた。
上田宿から松本へは、保福寺道《ほふくじみち》があり、諏訪部村から千曲川を渡り、中之条村から上田原村、築地村などを西へ向かい、浦野宿などを通って、下奈良本村、上奈良本村を過ぎて、保福寺峠越えに松本方面に向かった。とくに松本藩の藩米輸送や藩主の参勤交代に利用された。

上田宿から鳥居峠を越える上州道《じょうしゅうみち》は、かつて真田氏が上州沼田と上田を結ぶ道として利用した道であった。伊勢山村を通って、加賀川（神川）を渡り、真田の諸村を過ぎ、大日向村の口留番所を通って鳥居峠へ向かう。峠の手前で、善光寺平方面からの大笹街道と合流している。

保福寺道から中之条村で分岐し、別所温泉・北向観音へ向かう別所道、北国街道の常田村からの祢津道なども主要路だった。

一里塚★は、北国脇往還では、東大石村の西辺、海野宿の東、岩下村の西辺、踏入村、生塚村（一説に秋和村の西）に置かれていた（『小縣郡年表』）。

上田宿には街道を通る人馬の宿継ぎのために問屋が置かれた。海野町と原町に問屋がそれぞれ置かれ、海野町の問屋は柳沢太郎兵衛、原町の問屋は滝沢助右衛門が代々世襲で務めた。それぞれ御用日記が残され、上田市指定文化財になっている。柳沢家は大名の宿泊する本陣も務め、二三間に四五間の大きな家構えであった。海野町問屋は、海野町・横町・鍛冶町を管理し、原町問屋は、原町・田町・

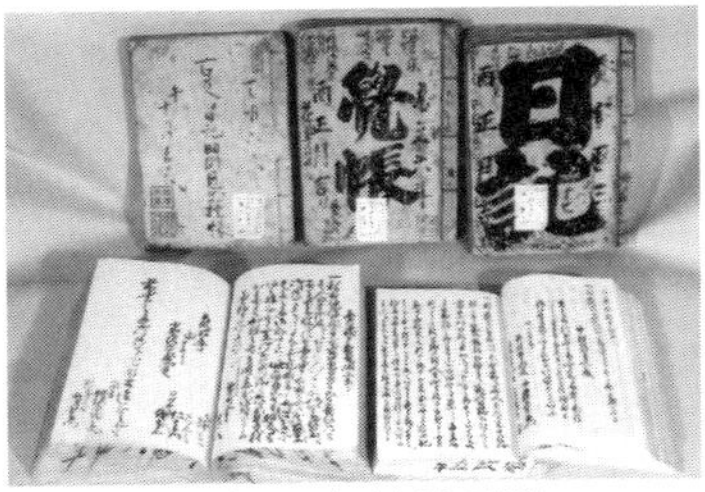

「海野町柳沢家日記」（本陣日記）
（柳澤暢宏氏蔵）

岩下村内の一里塚
（『東都道中分間絵図』より）

▼一里塚
街道沿いにほぼ一里（約四キロメートル）ごとに置かれた。旅程の目安や旅人の休憩のためという。

柳町・紺屋町を管理した。これが上田宿の範囲であった。

上田町は、踏入村を過ぎ、大宮社の前を通り、常田村を経て、日輪寺の脇から町人町に入る。横町、海野町、堺町、原町、木町、柳町などは商人町、横町を北に進み、蛭沢川を渡ったところの鍛冶町、原町の土橋を右折したところの田町には職人が多く住んだ。城下町西には紺屋町があった。

問屋は、宿継ぎなどの仕事のほかに、管理する町の民政的事務もしていた。問屋を補佐する町役人に町年寄がいた。海野町・原町ではともに五、六人がほぼ世襲で担当した。問屋の下には、問屋の手足として働く肝煎がおり、人馬に荷物を振り分ける馬指《うまさし》や、帳面付けをする帳付けも問屋に詰めていた。

人馬の継ぎ立てのために、上田宿には、人足二五人、馬二五疋を常備して輸送に備える定めになっていた。しかし、江戸中期以降、上田領での飼い馬数が減少しており、規定通りの馬の確保が困難になっていた。

上田町の入口の大宮社
（『諸国道中商人鑑』より）

海野宿と田中宿

海野宿は寛永二年（一六二五）に、江戸幕府により北国街道の宿場として整備された。当初は田中宿との合宿《あいしゅく》★であり、のちに本宿として独立した。

宿場開設以前は、海野氏が支配していた。宿東側の白鳥神社の南に千曲川が流

▼合宿
二つセットで一つの宿場としての役割がある宿場。

れる。木曾義仲はこの河原に東信濃や上州の武士を集結させ、北陸から京へ攻め上った。海野氏の一族といわれる真田氏は、この地から職人らを移して上田の海野町を整備した。

海野宿は東西約六町（約六五〇メートル）の町並みで、真ん中を清流が流れている。江戸時代の宿の構造がそのまま保存されている。江戸時代には、隣の田中宿と海野宿で一つの宿場と見なされ、初期は本陣などはなく、半月交代で田中宿の伝馬役を務めていた。

寛保二年（一七四二）の「戌の満水」と呼ばれる千曲川大洪水で、田中宿が壊滅状態になったため、宿の機能が海野宿に移り独立した本宿となった。一軒の本陣と脇本陣二軒のほか、旅籠などもあり、大名行列や佐渡金の輸送、善光寺への参拝客などで賑わった。

明治期になると、鉄道の発達で宿の利用者が減ったため、多くが養蚕業などで生計を立てていた。袖うだつ★（卯建）の残る民家はその頃の建物が多い。うだつと出桁づくりと海野格子★と呼ばれる格子戸がある家並みが並ぶ光景は、歴史の重みと風情を感じさせる。

昭和六十二年（一九八七）に歴史的建造物保存地区に選定され、多くの観光客で賑わっている。

田中宿は、慶長年間（一五九六〜一六一五）に、祢津に住んでいた小田中氏ら

海野宿本陣小野家と海野格子

海野宿の袖うだつのある町並み

▼うだつ
防火壁のこと。切り妻の両壁や瓦部分を高くした棟束などの本うだつと、袖状にはりだした袖うだつとがある。

▼海野格子
二本通しの格子の間に短い二本の格子を並べ組み合わせた格子。

浪人や周辺の集落から人を集めて、北国街道の宿場として設置された。田中宿は海野宿の本宿として、二五人二五疋の宿駅人馬提供が義務づけられ、小田中氏が本陣を務めた。しかし、寛保二年の「戌の満水」と土石流により、死者六八人、流失家屋一一九軒、残った家が二九軒ほどという甚大な被害をうけた。

その後、宝暦十一年（一七六一）と文化三年（一八〇六）に、両宿の間で本陣は両宿に設置すること、大名や旅人の宿泊は客の意向次第とすること、伝馬役は半月交代にすることなどの取り決めが行われ、田中宿は復興した。

天保元年（一八三〇）頃の田中宿には、茶屋六戸、商家一四戸、旅籠屋一〇戸ほどがあり、賑わった。が、慶応三年（一八六七）に火事がおこり宿場の約六割が焼失する大火となった。度重なる災難で旅人の足も遠のき、田中宿は寂れた。

明治二十一年（一八八八）に信越線田中駅が開通し、商工業の町として発展したため、江戸時代の宿場の面影はほとんどみえない。

上田藩主の参勤交代

北国街道を利用して、参勤交代で上田宿を通行する大名家は、加賀の前田家や飯山の本多家など一四家があった（下表）。ほかに、松本藩主が保福寺峠越えで通過した。諸大名のほとんどは、上田宿本陣には宿泊せず、周辺の坂木宿や田中

田中宿茶屋で休んでいる十返舎一九（右）
（『滑稽旅賀羅寿』郷土出版社）より

宿などで宿泊した。上田宿で宿泊すると、藩主家への挨拶などが面倒であったからといわれる。

上田藩主の参勤交代は北国街道を利用した。参勤の月については、享保十七年（一七三二）に外様大名は十一月、譜代大名は二月が原則とされたが、諸大名の申請により変更され、松平氏の場合は、六月、五月の出府が多かった。江戸に出府すべき吉日は横町の宗吽寺が選んだ。行列人数はおよそ一二〇〜一三〇人ほどで、馬数も十七世紀中頃では八六疋ほどで推移した。

江戸までは、仙石氏時代でおよそ六、七日、帰りは五日ほどで戻って来た。松平氏時代は往復とも四泊五日が標準だった。出府の場合、宿泊は軽井沢宿、倉賀野宿、熊谷宿、浦和宿の順だった。

一里は三六町で、一町は約一〇九メートルであった。文政年間の旅案内で、江戸・上田間が四六里二七町あり、約一八七キロメートルになる。したがって、この距離を江戸まで四泊五日で通行したから、一日約三七・四キロメートルを移動したことになる。軽井沢宿は最初の宿泊なのでまだ元気で、明け七ツ時（旧暦六月なら午前四時頃）に出発し、翌日からは明け六ツ（同午前六時頃）の早朝出発であり、大名行列は経費節減のため、一日九里余りというかなりのスピードで通行したのだった。

佐渡の金銀も出雲崎から上田宿を通った。一〇貫目（三七・五キログラム）入

北国街道通過の諸大名（文化4年）

藩	藩　主	石高（万石）	藩	藩　主	石高（万石）
加賀	松平加賀守	102.3	黒川	柳沢伊勢守	1
大聖寺	松平備後守	10	三日市	柳沢信濃守	1
富山	松平淡路守	10	糸魚川	松平日向守	1
新発田	溝口伯耆守	5	椎谷	堀近江守	1
高田	榊原遠江守	15	飯山	本多豊後守	2
与板	井伊右京亮	2	須坂	堀淡路守	1
村松	堀丹波守	3	松代	真田弾正大弼	10

『上田市誌』より

りの木箱に詰め厳重に封印、ムシロに包んで一頭の馬に二箱載せて江戸まで運んだ。松本藩の城米も保福寺峠から上田宿を通って江戸まで運んだ。

領民負担の伝馬役と助郷

宿に荷物輸送の人馬を提供する役を伝馬役といい、各家の間口の間数に応じてかけられた。元禄十七年（一七〇四）の記録には、「横町忠義屋敷四間五尺、伝馬役七日半也、この間二間一尺五寸　伝馬役三日半弟にくれ申し候」（『上田小県誌』）とあり、およそ一間で一・六日分の伝馬役だった。

伝馬利用には、無賃（将軍の朱印状や幕府重職による証書持参の場合）、御定め賃銭（一般公用人馬）、相対賃銭（私的輸送）の三種類の駄賃取り決めがあった。相対賃銭は、御定め賃銭の二倍程度といわれ、宿駅の収入源であった。

御定め賃銭も当然のことながら、物価があがると改定された。下表は上田宿からの御定め賃銭の変遷をみたもので、本馬は馬に四〇貫までの荷物をつけたもの、軽尻は人が乗り五貫までの荷物をつけるか、人が乗らずに二〇貫ほどの荷物を

上田宿からの駄賃銭　単位：文

年　次	相手宿	本馬	軽尻	人足
寛文5（1665）	田中宿	75	48	38
	海野宿	60	38	30
	浦野宿	84	55	42
	坂木宿	95	61	48
天明6（1786）	田中宿	121	75	58
	海野宿	93	59	47
	浦野宿	135	85	65
	坂木宿	150	95	73
文化6（1809）	田中宿	130	81	62
	海野宿	105	64	51
	浦野宿	146	92	70
	坂木宿	163	107	79
嘉永2（1849）	田中宿	140	87	67
	海野宿	113	69	55
	浦野宿	157	103	76
	坂木宿	175	115	85

『上田市誌』より

つけたもの、人足が運搬する荷物は五貫までと定められていた。本馬の場合、田中宿まで寛文五年（一六六五）で七五文だったが、嘉永二年（一八四九）ではほぼ倍の一四〇文になっている。

元禄九年（一六九六）八月に、加賀前田家の通行があった。人足二六二人、馬八七五疋の人馬を必要とした。このように、大名行列などの大通行では、宿場常備の人馬では不足するので、あらかじめ、宿ごとに助け人馬を出す村々が割り当てられた。これを定助郷といい、上田宿では、小泉組一一カ村、浦野組一五カ村、塩尻組一二カ村、塩田組二二カ村のうち、六カ村（奈良尾、町屋、平井寺、鈴子、石神、柳沢）を除いて、指定された。塩田組の六カ村は、和田・長窪宿の助郷を務めたから、上田宿の助郷は免除されていた。

ところが、交通が活発になると、定助郷だけでは人馬が不足するのと、助郷の村々の負担が増大したので、その軽減のため、大通行の時に新たに人馬提供をする加助郷の村々の指定が行われた。延享三年（一七四六）、中山道各宿の定助郷組み替えが行われ、佐久九宿の助郷は七五カ村から一三〇カ村に増加された。が、定助郷村々はさらに加助郷を求めて、幕府に願い出て、寛政十二年（一八〇〇）に、洗馬組一〇カ村等は佐久郡の塩名田・八幡両宿から差村（加助郷の名指し村）にされ、村の実情検分の後、享和二年（一八〇二）に紀州様通行にかかわる加助郷に洗馬組六カ村（下原・中原・上原・真田・曲尾・横尾）がかり出された。こうして、いったん請けてしまうとそれが既成事実となって、以後、六カ村は幕末まで、はるばる塩名田・八幡両宿の加助郷にかり出されることとなった。

助郷は農繁期や村の行事に関係なくやってきた。しかも村にとっては大変な負担だった。嘉永二年（一八四九）の加助郷では、九二五貫文余がかかったのに、宿からは二一貫文余しか支払われなかった。これが、大雨などで通行が停滞すると、馬の食料費などは自村持ちだからさらに高額な負担となった。

小県郡の中馬稼ぎ

宝暦十三年（一七六三）、秋和村ほか小県郡三四カ村が、幕府役人の調査に対し、次のような一札を差し出した。

一、中馬《ちゅうま》稼ぎは村方で作ったものを自分の馬で宿や遠くまで運ぶことを古くから許可されていたこと

一、中馬は上州松井田・下仁田あたりまで通行していること

一、村で作った米穀類や産物のほか、塩・茶も古来より宿継ぎ荷物ではなかったこと

宿場では、宿場ごとに荷物を積み替えて運ぶ宿継ぎの手数料や駄賃収入を得て、人馬提供を維持していた。ところが、米穀類や薪や炭などを直接農村などから馬

に荷物をつけて町に売りに出たり、帰りに町から荷物をつけて帰ったりしているうちに、〝中馬〟と呼ばれる専門的輸送業者が生まれた。

彼らは、宿継ぎをせずに脇街道などを通って各地に荷物を運ぶので、宿場での積み替えによる荷崩れも少ない、直通便もあったので早い、宿場での手数料もかからないから安いことなどで、中馬輸送は十八世紀半ばには、伊那街道を中心に信濃全域に広がった。当然、宿場側では収入が少なくなるので、幕府に中馬の取り締まりを何度も願い出た。

宝暦十三年の一札はそのような背景で、幕府からの調査に応えたものだった。

その翌年、明和元年（一七六四）に、幕府は新たに信濃全域にわたる中馬裁許を行った。これが「明和の中馬裁許」で、各村ごとに許可した中馬稼ぎの馬数と、道筋ごとの中馬品と口銭（手数料）を決めた。中馬を認められた馬数は伊那郡が圧倒的に多く、小県郡は山がちの街道沿いの村々三五カ村に三一九頭の中馬稼ぎが認められた。北国街道での中馬稼ぎで許可されたのは米穀類・塩・茶・肴《さかな》・建具類などで、中馬荷一駄につき四文の手数料を宿場に支払うこととした。その後も中馬荷物についての紛争は中山道、北国街道、保福寺道で起きたが、幕府公認の中馬輸送は主要な輸送手段となって広がった。

明和の中馬裁許

郡	村　数	馬数
諏訪	123	4581
筑摩	159	2608
伊那	163	7748
安曇	179	3194
小県	35	319
更級	5	58
埴科	6	76
高井	8	91
計	678	18,675

『新編信濃史料叢書』より

旅の通行手形

村人が旅に出る時、村役人から発行してもらった通行手形を途中の関所などに提出して、通行させてもらっていた。幕末の文久四年（一八六四）に上洗馬村の半右衛門らが次のような通行手形を、横川関所に提出している。

乍恐奉指上一札之事
松平伊賀守領分　信州小県郡上洗馬村百姓半右衛門　年三十才
喜作　年二十一才
右之者共上州高崎在迄青物種商ひニ罷り越し候間、御関所御通し
被為様可被下候、以上
文久四子年正月廿六日　右村組頭　九作、種吉、茂左衛門
同庄屋　熊八　治平
横川関所御役人衆中様

半右衛門らは、高崎まで青物の種商いに出かけていたので、途中の横川関所を通過のため、こうした通行手形が必要だった。このように、江戸中期以降、各地に特産物が生まれ、商品流通が盛んになると、上田から各地へ商いに出る者も多く現れ、近江や越後などから上田へやってくる商人も、活発に往来するようにな

旅籠屋ひしや
「江州御宿ひしや清兵衛」とあるので、近江商人宿であることがわかる。
（『諸国道中商人鑑』より）

った。
『善光寺道名所図会』に、上田原町よろづやの前の賑わいが描かれている。呉服物の案内に目をとめる旦那、道を急ぐ武士の主従、僧と弟子、子連れの旦那、旅人二人連れなどさまざまな往来があった。

伊勢参り、おかげ参り

戦国時代の真田氏は伊勢神宮を信仰し、伊勢御師《おし》広田氏を通じて土地を寄進している。代々の領主の保護と、伊勢御師（布教者）の布教活動により、近世になって伊勢社が激増した。横町の伊勢宮（大神宮社）は、永禄三年（一五六〇）に常田村から秋和村に遷座し、現在地に移った。宝永三年（一七〇六）の差出帳に、横町の伊勢宮は、伊勢御師の広田筑後の旅屋《たや》とある。おたやさんと呼ばれた同社の安永二年（一七七三）の例祭の夜には、一三八人が籠るほど信仰があり、寛政十二年（一八〇〇）には、海野町の祇園祭の天王がつくられ、その蔵が建った。また、境内で文化九年（一八一二）に、雷電らの大相撲も開催されるなど、城下の町人らの崇敬の場であった。

伊勢信仰が高まると伊勢参りも盛んになった。伊勢参りのための伊勢講をつくり、講仲間で旅の費用を積み立てて、二、三人の代表者が順番に伊勢参りに行く

上田原町よろづや前の賑わい
（『善光寺道名所図会』より）

横町伊勢宮（大神宮社）

代参を行った。

代参は、農閑期に多く行われ、講中で集まってデタチの祝いを行い、早朝に出発した。代参者が伊勢神宮に着くと、講ごとに指定された御師の宿坊に泊まり、御師に連れられて内外宮を参拝し、太々神楽《だいだいかぐら》を奉納した。御祓い札やお土産を購入した代参者が帰ってくると、村中で村境まで迎えに出て、無事の帰着を祝う下向（サカムカエ）の酒宴が開かれた。そこで代参者が御札や伊勢土産を各人に配った。

土産の中で伊勢暦は、農耕の季節ごとの種まきの時期などを判断する大事な暦だった。

伊勢参りは上田からなら二十日ほどで往復できるが、時代が下るにつれ、伊勢から京・大坂、さらに金毘羅参りなど行動範囲も広がり、長旅が増えた。例えば、堀村の山部（辺）與助は、文化十三年（一八一六）十二月十六日、仲間七人と伊勢参りに出かけた。伊勢参りのあと、奈良から高野山へ出て、大坂で芝居を見て、金毘羅宮を参詣した。帰途、京都に三泊し、二月八日に上田に帰着した。実に五十三日間の長旅だった（『上田市誌』）。こうして信仰を名目とした寺社参詣の流行は、外からの新しい刺激と情報をもたらし、庶民生活を少しずつ向上させる一因となった。

外宮と内宮の遷宮が行われた天正十三年（一五八五）以後、集団参拝の流行が

伊勢山田の賑わい
丸山花翁筆『伊勢参り道中絵図』（部分）より
（上田市立博物館蔵）

周期的に繰り返された。集団参拝は、旅の途中で、富裕者などの飲食のほどこしや宿泊提供などをうけ、そのおかげで参ることができることから、おかげ参りと呼ばれるようになった。集団参拝が流行した年には、正式に許可を得て行う本参りだけでなく、主人や夫に無断で、通行手形も持たずに伊勢参りをする抜け参りも盛んに行われた。

宝永二年（一七〇五）も、おかげ参りの全国的流行の年だった。同年の「問屋日記」をみると、正月から八月までの間に、海野町（本参り一五人、抜け参り三三人、以下同順）、横町（五人、一四人）、鍛冶町（五人、七人）、原町（二七人、三八人）、紺屋町（八人、三人）の人が伊勢参りに出かけた。本参り六〇人、抜け参り九五人もの多くの人々が伊勢参宮に出たことになる。

女・子どもの旅

天明三年（一七八三）九月、柳町庄屋定右衛門の三十五歳の女房と七歳の男子で元吉の二人連れが、身延《みのぶ》山久遠《くおん》寺（日蓮宗、現・静岡県南巨摩郡身延町）へ抜け参りに出かけたが、行方知れずになってしまったことが翌年正月に届けられた。

このように抜け参りして行方不明になったり、病気などで病死したりする人も少なからずいた。そのため、文政十三年（一八三〇）八月には藩から町手代を通じて、女子のおかげ参りはさせないように触れが出された。

この文政十三年は、閏三月一日におかげ参りの大流行が阿波（現・徳島県）から始まり、八月末までに約五〇〇万人もの人々が参拝した年だった。この時子ども達も、あちこちでおかげ参りの真似をしたようで、文政十三年八月に、「生塚村の由にて子供大勢支度いたし横町伊勢宮へおかげ参りに参り候、米三俵釣台にのせ、幟を建て参り候、子供の支度　多分、郡内縞位にて、筵・包をせおい柄杓★持ち候躰、多分に候、中に弐三丁ほどこしの形ちに候哉、駕（籠）にのり候も有之候、昨日は新田辺よりも参り候由、是は見受け不申候」（「問屋日記」）とあり、生塚村の子ども等が大勢支度をして、米三俵を釣台に載せて、幟を立てて、横町の伊勢宮へおかげ参りをしたことがわかる。

文政五年四月に、上田宿原町の井筒屋に宿泊したのは、大坂からの案内人の男性一人と女性同行七人のグループだった。伊勢参りから善光寺参詣へ足を伸ばし、下諏訪をまわって帰る予定だった。一行の平均年齢は五十八歳をこえていて、いずれも台所を引き渡したあとの女性たちと見られる。また文政十三年閏三月に佐久郡奥殿領（後の田野口領）の上村（現・南佐久郡佐久穂町）から、彦次郎とその女房ら女五人連れが、善光寺参詣の途次に上田宿に寄っている（『上田市誌』）。女人救済、女人往生の寺として知られた善光寺には、多くの女性が全国各地から訪れた。

▼柄杓
施しをうけるための抜け参りの必需品。九七ページの原町よろづやに施しをうけている裸足の少年が描かれている。

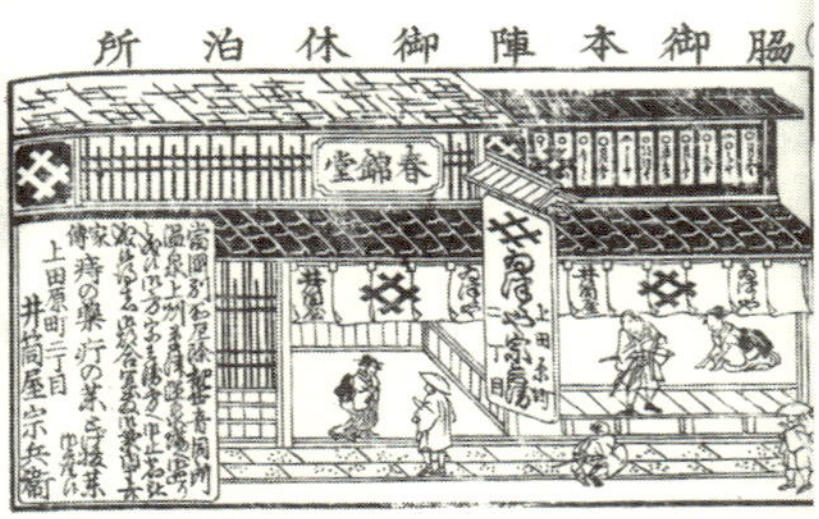

井筒屋は原町にあり、脇本陣でもあった。痔の薬も販売し、道案内もしていた。
（『諸国道中商人鑑』より）

善光寺道の道標（上田市生塚）

③ 町人の暮らし

上田の町は交通・商業の拠点として賑い、二五〇〇人ほどの町人町であった。
海野町や原町には、呉服屋・薬屋・宿屋などが建ち並び、市も開かれた。
商人や職人などさまざまな職業の人々が生活を営んでいた。

『諸国道中商人鑑』にみる上田町

『諸国道中商人鑑　中仙道・善光寺之部　全』（文政十年／一八二七刊）という商家案内記がある。板橋宿から沓掛宿まで三三七軒、追分宿から善光寺宿まで一五六軒の商家や脇本陣などの屋号、所在場所、職業、扱っている商品などの広告が掲載されている。上田宿では、「御休所　きの国や栄吉　上田大宮左角　きの国屋　御なら茶　きの国屋」から、鼠宿（現・坂城町）の「御菓子司　殿中花王糖　冥加屋郡三郎　日本鼠大明神前鼠宿　閑院宮御祈願所　鼠除の札出ル　根本御釜元所　塩尻より十二丁」まで、四四軒が上田宿分として記載されている。順序で整理すると次ページ下表になる。掲載されているのは広告を依頼した家なので、全部の商家が載っているわけではないが、文政期の上田町の様子がよくわかる。

原町の井筒屋宗兵衛は脇本陣でもあり、大きな宿屋で二階の庇は瓦屋根で高級感を出している。女将さんに挨拶されて旅人が上がっている。一方で、女中に何か尋ねているらしき旅人も描かれている。宣伝文には止宿客には別所温泉や草津温泉への観光案内も行うとあり、家伝の痔の薬、疔の薬、とげ抜き薬なども販売していた。宿泊施設は、横町の甲州屋庄吉、海野町の村田伝十郎・油屋伝右衛門・小まつ屋太助・越後屋重兵衛、原町の宮下兵右衛門・真田屋権七・菱屋清兵衛・井筒屋宗兵衛が載っている。甲州屋はそば屋でもあった。村田伝十郎には「加州、富山、高田三度宿」と宣伝文がある。月三回江戸から国元までの定期郵便配達を三度飛脚といい、その定宿になっていた。

越後屋は諸国商人衆宿のほかに、「御用　御菓子所　越後屋」と宣伝しており、大名出入りの菓子屋越後屋の品も扱っていた。おそらく抹茶菓子が主だろう。真田屋は「諸国商人定宿　越後国御客衆定宿」の看板を掲げており、越後国の旅人の定宿となっていた。菱屋は「御飛脚定宿　ひしや　江州御宿　ひしや清兵衛」とあり、近江商人らの定

『諸国道中商人鑑』上田町の商家

	屋号	町・村	主な商品
1	きの国や栄吉	(大宮前)	御休所
2	甲州屋庄吉	横町	休泊所、しなのそば
3	上野屋佐五兵衛	海野町	和漢薬種所
4	綿屋善十郎	海野町	薬種所
5	村田伝十郎	海野町	御泊宿
6	斎藤曾右衛門	海野町	上田嶋、白紬買次所、綿太物類
7	油屋伝右衛門	海野町	御用宿、御泊宿
8	上野屋嘉左衛門	海野町	諸国煙草問屋
9	上野屋三郎助	海野町	本屋、書林
10	小まつや太助	海野町	御泊宿
11	奈良屋与市	海野町	酒造、太物類、綿類
12	小林佐七郎	海野町	諸国茶問屋
13	すし屋兵右衛門	海野町	御休処、即席御料理
14	松屋伝八郎・和泉屋幸八	海野町・高崎	疝癪湯、太物旅品々
15	小松屋和右衛門	海野町	生物塩物肴問屋、人参三臓円
16	越後屋重兵衛	海野町	諸国商人衆常宿
17	海老屋善兵衛	海野町	御蒸菓子、砂糖漬等
18	柏屋六左衛門	海野町	太物、小間物、荒物、瀬戸物
19	宮下兵右衛門	原町	御泊宿、中風薬
20	真田屋権七	原町	諸国商人宿
21	山口屋源右衛門	原町	万塗物卸、荒物品々
22	蔦屋友次郎	原町	太物
23	蔦屋民之助	原町	太物
24	栃木屋新兵衛	原町	呉服・太物、名産絹紬
25	栃木屋安兵衛	原町	砂糖類、畳表類、荒物
26	志摩屋八郎兵衛	原町	上田織物所、帯地類

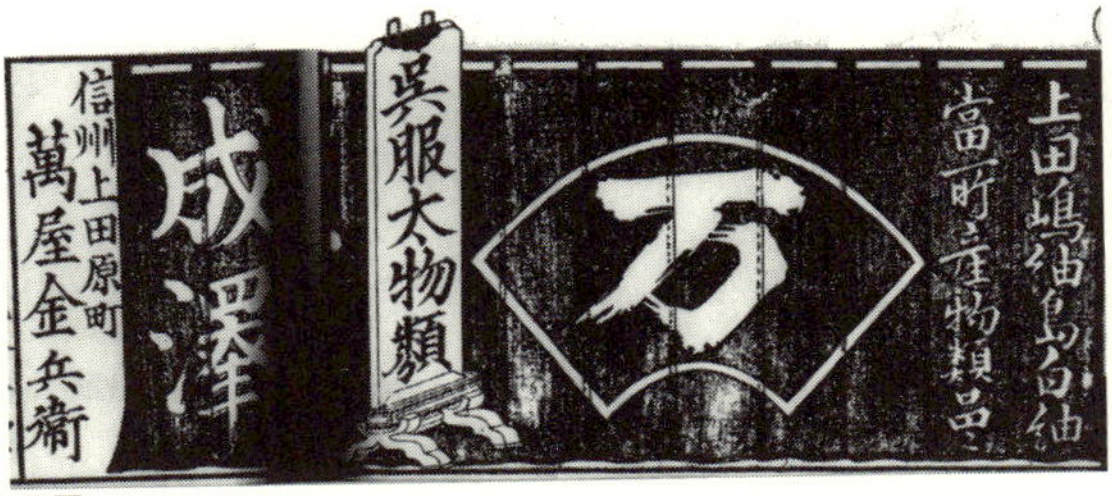

万屋

越後屋

宿になっていた。

　呉服・太物を扱っている商家は原町に多い。和服の中で呉服は絹織物、太物は綿織物を指す。また上田の名産である上田島・上田紬★の販売だけでなく買い継ぎ所も目につく。海野町の斎藤曾右衛門（俳号雨石）は「上田嶋、白紬買次所、綿太物類」とある。

　海野町ではほかに奈良屋、柏屋六左衛門が太物類を扱っている。原町の万屋金兵衛（俳号雲帯）は、呉服・太物類の看板を掲げ、のれんに「上田嶋紬島白紬当町産物類品」、真ん中に大きく扇形の中に万の屋号、左に苗字を「成澤」と染め抜いている。最大の広告を出しているのが、万屋金右衛門で、青刷りカラーで二ページ分を広告している。上田におけるカラー広告の最初といえよう。

27	但馬屋市左衛門	原町	馬道具類、膳椀類、塗物
28	布屋市郎左衛門	原町	上田嶋白紬買次所
29	丸屋権八	原町	上田縞白紬、卸小売所
30	菱屋清兵衛	原町	御泊宿
31	布屋利兵衛	原町	上田嶋、白紬、紬島
32	加賀屋条助	原町	諸国紙類、当所上田紙
33	嶋屋吉五郎	原町	上田紙卸
34	万屋金兵衛	原町	呉服太物類
35	丸屋彦右衛門	原町	太物、小間物類
36	井筒屋宗兵衛	原町	脇御本陣御休泊所
37	万屋金右衛門	原町	呉服太物類
38	ほてゐや半右衛門	原町	こまもの（小間物）
39	鼠屋九右衛門	原町	和漢薬種所
40	伊豆屋友吉	原町	呉服太物、足袋卸
41	紙屋藤兵衛	柳町	諸国紙類
42	当代木屋大助	生塚村	御免調合所、林寿三（医師）
43	山木屋金右衛門	秋和村	諸国妙薬取次所
44	高田屋弁助	塩尻村	立場御休所
45	冥加屋郡三郎	鼠宿	御菓子司、殿中花王糖

14は高崎宿分に掲載されている

▼上田島・上田紬
上田島（縞・嶋）は、上田紬の縞織物のことで、紬には、無地織りの白紬と縞織りとがあった。紬糸は、生糸のとれない屑繭をほぐして真綿にし、それから手で紡いだ織物用の糸をいう。生糸がなめらかで細さが均一なのに対し、紬は太めで不ぞろいな太さが特徴だった。

薬看板を掲げる商家も多かった。海野町の上野屋佐五兵衛は「家伝　ふり出しくさの薬　世にくさの薬多しといへともわけて　余薬に優れて即効あること神妙なり　和漢薬種所　上野屋佐五兵衛」と、くさ（できもの）の薬を宣伝している専門の薬種業者だった。海野町小松屋和右衛門は肴問屋とともに、伽羅油（鬢付け油の一種）・鬢付け油や人参三臓円★・神徳延寿丸などの薬を扱っている。また、海野町の松屋伝八郎家は、東山堂という薬屋を営み、疝気や癪★の薬である疝癪湯を手びろく販売していた。

常設店舗のほかに、市日が決められ、市が開かれ各地から物産が持ちこまれ、取引された。宝永三年（一七〇六）の差出帳には、上田領内の市が、海野町一・六・十一・十六・二十一・二十六日、原町五・十・二十五・晦日、馬越村四・九・十四・十九・二十四・二十九日、保野村三・八・十三・十八・二十三・二十八日、前山村二・七・十二・十七・二十二・二十七日にそれぞれ開かれていたことが記されている。月六回の開催なので六斎市という。ただし、保野村と前山村は、宝永三年段階では開催されておらず、寛文から延宝期に消滅したとみられる。

市では勝手に何でも販売してよいわけではなかった。天和三年（一六八三）に、紬・木綿布、米・大豆・蕎麦《そば》、鳥類は、海野町と原町以外では取引してはいけないとの達しがあった。

原町万屋金兵衛の孫、成沢寛経が上田の世相を書いた記録「百合ささめごと」

▼人参三臓円
当時、大坂一の薬屋吉野五運の調合薬で、有名だった。

▼疝気や癪
主に下腹部の激痛。癪は胸や腹の突然の痙攣的痛みのことをいう。

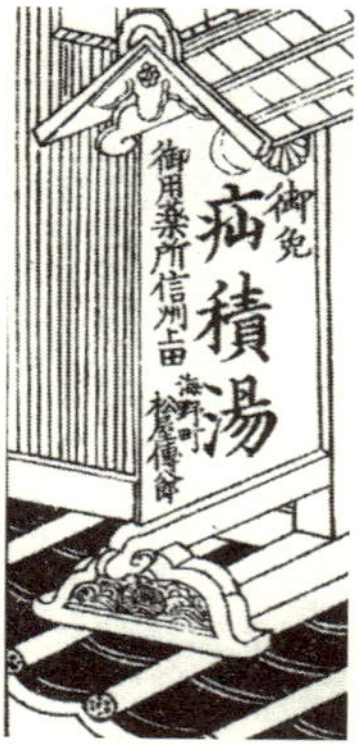

東山堂の広告

原町の市神（上田市原町）

には、十九世紀前後の市は大変にぎわっていて、年の暮れの市では原町や海野町では人込みに押されていつの間にか町を出てしまった、近頃（安政期）にはそのようなにぎわいがない、と書かれている。幕末には常設店舗の充実と周辺の市場への拡散があり、市の機能が縮小していった。

上田町水物語

城下町を流れる川は、用水としてだけでなく、町の境界と防備の役割も担っていた。城下町北を流れる矢出沢《やでさわ》川は町人町と村との境であり、城下町東部中央から流れる蛭沢川は、侍町と町人町、町人町と町人町の境となっていた。町の発展とともに往来用の橋も増えた。

蛭沢川にかかる原町の土橋は橋とは見えないようになっていた。正徳五年（一七一五）の土橋の架け替えの際には、しっかりとした木組みの上に、粘土、小石まじりの土、一番上に砂をしいて、道路と見分けがつかないように造っている。いざという時は、橋を切って落とす軍事的な隠れ橋であった。

上田の城下町には、飲み水の確保のため、各地に共同井戸が掘られていた。利用者たちは共同で井戸替えをし、利用や掃除などのきまりを定めた。百軒堀の東南角地の共同井戸の使用については、文政八年（一八二五）に六軒で、くじで年

現在の新土橋

番（管理責任者）を決め帳面を作ること、新入りらからは加入時に八〇文を取り立てること、井戸替え等手入れについて年番の指図に従うことなどの取り決めをしている。水の確保のためであった。侍屋敷で井戸を設置していない武士は、共同井戸を利用した。

銭湯★は、上田の町にはいつ頃できたのだろうか。「問屋日記」に、寛文十年（一六七〇）、風呂屋平四郎が新右衛門に屋敷を売った記録があり、これが上田の風呂屋に関する初見史料である。この時期は蒸し風呂だと推定されるが、まだ早過ぎたのか営業がうまくいかなかったらしい。湯を沸かして入る風呂屋は、宝暦五年（一七五五）に善光寺権堂村の風呂屋六左衛門が原町小路での営業許可願いを出した。しかし藩は、これまで上田に風呂屋はなくて済んできたので無用であるとして許可しなかった。

天明三年（一七八三）に、紺屋町の段助が、紺屋町で薬湯を開きたいと願い出て、薬湯ということで許された。営業の仕方は、入湯を女は昼九ツ時から七ツ時まで、男は七ツ時より夜の九ツまでと時刻を分けて男女混浴をせず、みだりがましいことの起きないようにし、怪しい者のを入れない、火の用心をする、というもの。最初は無税だったらしく、その三年後に税をかけるようになった。この湯は寛政四年（一七九二）まで十年ほど続いた。

文化十四年（一八一七）に紺屋町の利兵衛が薬湯を開くことを計画し、家主で

柳町の保命水。明治十四年（一八八一）に柳町に引かれた保命水から、現在も清水が流れ出ている。

▼銭湯
有料の風呂屋。湯屋。尾崎行也『風呂屋・髪結・祭礼踊』（八十二文化財団、二〇〇九年）の研究による。

ある紺屋町の十助が薬湯開設許可願いを出した。反対を抑えるために、男湯・女湯は別々にすること、衣類・懐中の物の盗難防止のため一人ずつの錠前つき棚を作ること、火の元は昼夜怠りなく見廻ること、夜は戌の刻（夜八時頃）に営業を終えること、風呂からの悪水・漏水が用水に入らないように別の水抜き堰を造ることなどの対策を講ずるので、願いの通り認めてほしい、というものだった。こうした治安・環境対策を施した願いだったので、この薬湯は許可された。錠前つき棚は貴重品ロッカーの原型で、排水を直接、用水に流さない工夫もみられた。

入湯料は、文政十年（一八二七）の紺屋町庄兵衛の薬湯渡世願いに、町内については湯札を一〇〇文で三二枚とするとある。湯札という入浴券を発行していたこと、当時は九六文で一〇〇文に通用する九六銭勘定だったから、湯札一枚あたり三文となる。町内割引や、一括購入割引が行われていたから、一般は、一枚五文程度と考えられる。

幕末になると銭湯が七カ所に増加し、庶民だけでなく武士も銭湯に入る機会が多くなったが、「銭湯は家中の者は天保比迄しのびしのび」（『小縣郡年表』）だったとみえ、下級武士は、こっそりと在方の銭湯に入りに出かけていた。

藩札、商品札と経済

江戸時代の通貨は、金貨・銀貨だった。経済変動により、金貨・銀貨が不足した時などの特例として、藩内に通用する藩札《はんさつ》という紙幣発行が幕府によって許可された。上田藩は、天明五年（一七八五）に一匁・五分・三分の銀札を初めて発行した。天明飢饉による経済混乱のため、小額紙幣を発行して、危機を乗り切ろうとしたものだった。

文久元年（一八六一）にも、三二文と二四文の二種類の釣銭札を、市中限りの通用として発行した。表には「上田市中通用釣銭三十二文　以三枚換当百」とあり、裏には「町方何の見世にても引替候事　町役場」とあり、割り印を押してある。三二文三枚で当一〇〇というのは、九六文で一〇〇文に当たるという銭勘定である。二四文札は四枚で当一〇〇になる。

村々でも同様の釣銭札を三二文、二四文、一二文の三種発行し、上田領組通用としたが、交換は村々の役元で行った。塩尻組での釣銭札には「店々にて引替可申候」とある。

酒やお茶、砂糖などは贈答品などにもよく使われたから、商品札がつくられた。主な商品札をあげると、茶札では「山形　信上田御茶所　瑛光堂」・「壱番　価弐

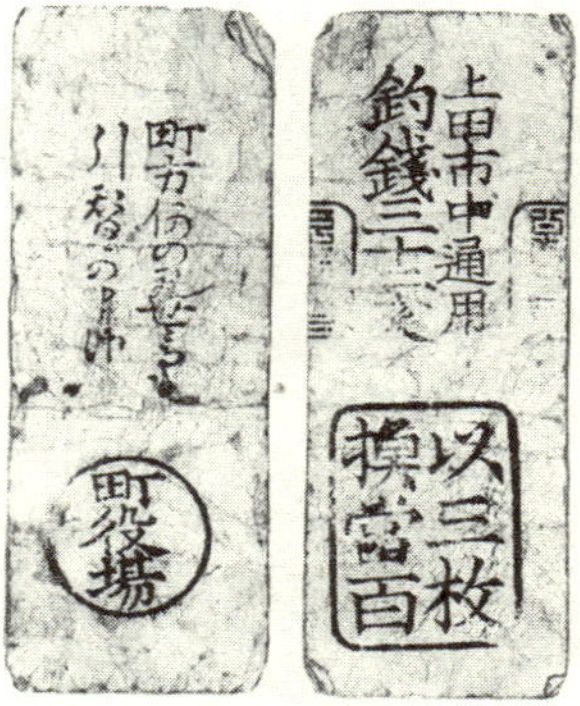

上田市中通用釣銭札（銭三十二文）
（八十二文化財団発行『信州の紙幣』より）

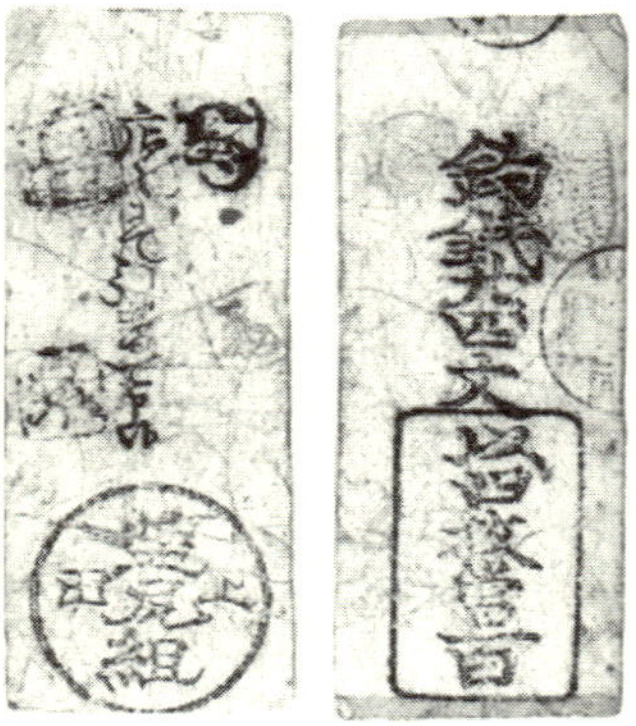
上田塩尻組　釣銭札（銭二十四文）
（八十二文化財団発行『信州の紙幣』より）

百文　信州上田山形屋善之丞　海野町」が、茶壺に店の名を入れ、精巧な印刷になっている。ほかにも原町の若松屋忠右衛門、柳町の池田屋弥八、上田新町青雲堂、上田下道亀田屋の茶札も残っている。酒札では「御酒　一樽」・「価壱朱　信州上田蔦屋蔵　原町」のほか、上田塩尻中島吉田屋、上田田中蔵の「貴久印一升」など、砂糖札は「初雪印　白砂糖　価百銅　信州上田新町薬種所　舛屋助治郎」・「千百七十七」のほか、上田原町近江屋彦八の白砂糖などが知られる。「千百七十七」という数字は発行番号である。初雪のように白い砂糖は貴重品だった。

天保十三年（一八四二）、上田藩では諸商売に関する物価引き下げの命令を出した。天保の改革による幕府の質素倹約令をうけて上田藩で出したものである。この命令から、当時の諸商売や商品、職業がわかる。肴商売、豆腐商売、茶屋渡世、旅籠屋、足袋屋、鉄物商売、薬種商売、水車屋、呉服・太物屋、傘・下駄・雪駄、塩・ろうそく、元結・鬢付け油、農具・わらじ、菓子職、髪結職、紺屋職などへ対し、値下げや適正価格での商売を命令したのである。茶屋での蕎麦・うどんは一盛りにつき代一四文、煮しめものは一盛りにつき代一〇文（一〇文以上の品は禁止）、飯は一盛りにつき代一二文、国分タバコその他も一斤につき三匁以上の品仕入れ禁止、茶は一斤七匁五分以上の品は禁止、キセルは真鍮・あかがね・鉄張りのほかは禁止し、代三匁以上は禁止され、上限価格が決められた。

呉服・太物類については一一〇頁下表のように規定している。菓子職に対して

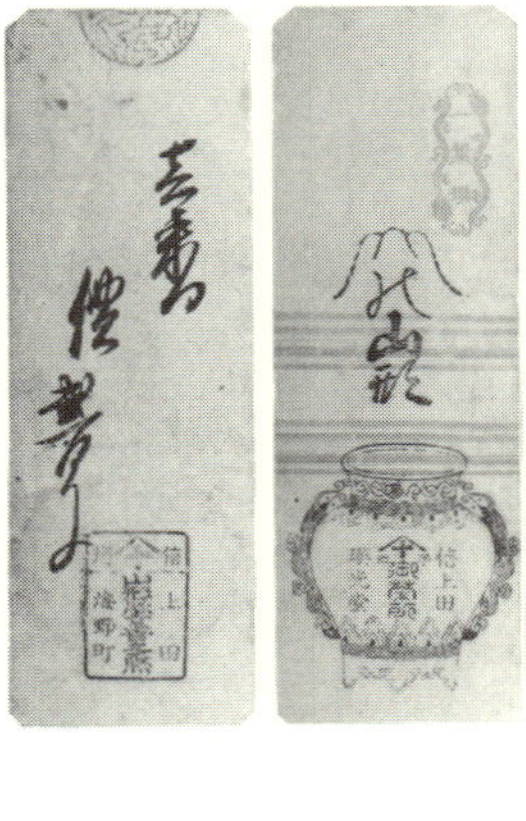

上田海野町・山形屋善之丞　商品札（茶）
（八十二文化財団発行『信州の紙幣』より）

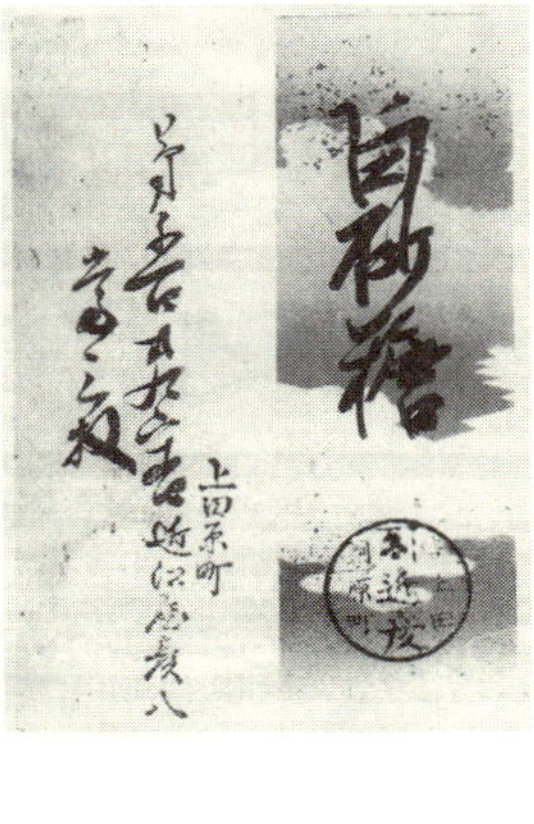

上田原町・近江屋彦八　商品札（白砂糖）
（八十二文化財団発行『信州の紙幣』より）

も高価な菓子の製造禁止を命じている。髪結職は一人分一六文以上の賃銭を取ってはならないとし、上田城下と町方・在方・温泉場以外の営業を禁じた。紺屋職に対しても勝手な値段をつけないように命じている。

鍛冶屋・鋳物師

宝永元年（一七〇四）のこと、鍛冶町の清七が松本へ行って鍬を造ったことがわかり、町中で話し合って、清七が今後鍬づくりをすることを許さないとし、町から追放してしまった。紺屋町へ移った清七は、今後、鍬細工を一切しないと誓約書を町役人に出している。

何が問題になったか、鍛冶町は、真田氏によって鍛冶職人が集められ、元和元年（一六一五）に町割りができて、農村用鍬を造るのは鍛冶町の職人のみという特権を与えられて保護されていた。清七はその藩からの特権を犯してしまい、鍬づくりの技術を外に漏らしてしまったことになったからである。

このように保護特権を得て、鍛冶町で造られた鍬は、元禄頃までは、上田海野の鍬と呼ばれ、大変評判がよく信濃各地だけでなく越後や上州にまで出荷され、最盛期には四七軒もあった。明治以降は廃れて、今は町名に残るだけになった。

鋳物師《いもじ》は、宝永三年の記録をみると、常田村に鍋屋三人が記されている。この

呉服・太物類上限価格

	単位	上限価格		単位	上限価格
呉服・太物			冬物帯地類		
帷子地石持	1反	40匁	染縮緬形付類	1疋	150匁
晒麻	1反	20匁	染絽の類	1疋	80匁
越後縮	1反	70匁	染紗綾の類	1疋	65匁
高宮嶋地	1反	25匁	足利結城縞類	1反	30匁
本奈良麻羽折地	1反	25匁	染織・染太織の類	1疋	75匁
諸羽葛袴地	1反	20匁	桟留	1反	20匁
縮緬	1反	35匁	小倉帯地	1筋	8匁
真岡木綿中形類	1反	25匁	繻子・純子女帯地	1筋	80匁
			男帯地・絹類	1筋	20匁

『上田市誌』歴史編 史料（3）より作成

三人は、代々、鍋八（半田八郎右衛門）、鍋久（小島久兵衛）、鍋大（小島大次郎）を称していた。鋳物師は京都真継《まつぎ》家の勅許をうけて営業をしており、寛政六年（一七九四）の信州での勅許を得た鋳物師は、上田は半田八郎右衛門・小島久兵衛・小島大次郎、松本は田中伝右衛門（信州鋳物師惣官）・浜石佐一郎、善光寺は伊藤又兵衛、須坂は宮島又市郎、入沢は日向孫兵衛だった（「小島家文書」）。

鍋・釜・鉄瓶などの日用品は、正月の国分寺八日堂縁日★などで、上州から詣でた人にも販売していた。三家は梵鐘づくりの名手でもあり、小島久兵衛家では、別所常楽寺（寛政五年）、上田願行寺（元文三年）、上田金窓寺（天保二年）、小島大次郎家では、真田信綱寺（元禄十五年）、秋和正福寺（明和二年）、上田呈蓮寺（明和三年）など、半田八郎右衛門家では、浦里村大法寺（寛政四年）、信濃国分寺（同九年）などの梵鐘を鋳造している。

元文二年（一七三七）の小島大次郎家の梵鐘見積もり書★がある（「小島家文書」）。梵鐘鋳造に亜鉛を使用していた。梵鐘の音色が良くなるとみられる。輸入亜鉛が急増するのが十八世紀後半からであり、それ以前に亜鉛を使用しているところに、小島家の技術先進性がみられる。幕末になると、軍事的要請をうけて、大砲鋳造や砲弾製造もしている。

八日堂縁日図（部分）
（信濃国分寺蔵）

▼八日堂縁日
信濃国分寺（八日堂）の縁日。正月七・八日が定例日。蘇民将来符のほか、だるまや鍋などの生活用品も販売され賑わった。

▼梵鐘見積もり書
「一、鐘（銅製）三尺二寸　高サ四尺四寸八分　重量　二百二十貫　へり代二十貫　二口〆二百四十貫　此代金三十四両余　湯（錫のこと）二十四貫　此代金十二両　とたん（亜鉛のこと）四貫　此代金二両、炭代三両、人足百人分二両、工手間六両、形の入用三両、□形すじ金三両、総〆代金六十三両（……以下略）」

特産品の上田縞・上田紬

井原西鶴の『日本永代蔵』（貞享五年／一六八八刊）に「上田縞の羽織に木綿裏」を身に着けている若者が出てくる。上田縞とは上田紬の縞織物をいう。白紬とは無地の紬織物のことである。紬糸は、屑繭（さなぎが蛾になって繭を食い破って出てしまった繭とか汚れた繭）をほぐして真綿にし、真綿から手で紡いで糸をつくった。紬糸の織物を上田紬といい、太さの異なる肌触りに絹織物とは異なる人気があった。

上田紬は、寛文年間（一六六一～七三）頃から全国に知られ始めた。寛文四年（一六六四）の「問屋日記」記事に、「御上ケ嶋　二十二反　代金拾弐両」とあり、上田藩が上田嶋（縞）を買い上げていたことがわかる。十八世紀前後には、上田藩の買い上げは年間二〇〇反前後に及んでいる。享保二年の幕府巡見使の問いに、上田の名産は上田紬と答えており、質の良さから、大坂・京都方面との主要な交換物資であった。

享保十七年に刊行された『万金産業袋《まんきんすぎはいぶくろ》』には、上田縞は幅九寸（二七センチ）・二丈七尺（約八・一メートル）ずつの反物で、上田から出たのは比較的丈夫で、表の上田縞一つで裏地は三回替えるというので、三うら縞（島）とも言われるほどだったとあるように、丈夫さがよく知られていた。同書には、上田紬についても、幅九寸、丈五丈四尺（一六・二メートル）で、信州上田の産物であるが、結城紬の次であると書かれている。

『諸国道中商人鑑』より

上田原町の織物問屋島田万助と、京都の美濃屋忠左衛門の取引を見ると、安永四年（一七七五）紬五〇〇疋、同八年上田縞二二〇疋・中野紬三〇〇疋、天明六年（一七八六）絹紬等六五口、二二〇〇疋、寛政三年（一七九一）白絹・山絹・紬三三口、三〇〇〇疋（『上田小県誌』）とあり、一商家においても取引が急増しており、上田領全体では相当多数の取引が行われていた。

上田縞の産地は主に塩田地方、紬類は千曲川沿いから下流にかけてであり、木綿織りは上田藩士の内職仕事でもあった。

天保期から幕末にかけて、蚕種業や製糸（生糸生産）が盛んになると、紬の機織り業者は減少した。

第三章　農民生活と地場産業

農民の生産向上への営みが、養蚕・蚕種業を地場産業として育てた。

1 村と農民の姿

石高制と兵農分離の近世社会において上田領は真田氏以来貫高制を貫いた。
年貢納入などの村の運営は村役人が行い、一般農民は本百姓と水呑み百姓に分かれていた。
主な農作物は米をはじめ大麦・小麦・大豆などで、塩田平にはため池が多く造られた。

貫高制と年貢

戦国時代の領主はそれぞれ独自の基準で土地の広さを決めていた。それを秀吉が太閤検地★により、測量方法と京枡★への統一をすすめ、石高制を用い、武士を支配者階級とし農民を土地耕作者で年貢負担者とする支配体制、いわゆる兵農分離★を行い、近世社会が生まれた。

真田氏は、土地の広さを何貫何百文と貫文高で表示していた。年貢を米の代わりに永楽銭で納めた銭納の名残といわれる。配下の家臣や農民との地縁的結合による主従関係を重視した真田氏は、江戸時代になっても、信濃で唯一貫高制表示を残した。

元和二年（一六一六）七月、真田信之は、はかりや枡を統一するため、私的な

▼太閤検地
面積単位は、六尺一寸（約一九一センチメートル）を一間、一間四方を一歩、三〇歩を一畝、一〇畝を一反、一〇反を一町とした。のち六尺（約一八〇センチメートル）四方が一歩となり、明治二十四年（一八九一）に一尺を現行の三〇・三センチメートルとメートル法換算した。

▼京枡
京都一〇合枡を一升枡の統一基準とした。のち、江戸幕府が寛文九年（一六六九）に新京枡の基準を決め、内法が四寸九分（約一四・八センチメートル）平方、深さ二寸七分（約八・一センチメートル）の容積六万四八二七立方分を一升として、現行の一升＝一・八リットル枡が定まった。

▼兵農分離
武士が軍役をし、農民が耕作に専念する身分支配体制のことで、「士農分離」と呼ぶ説もある。

枡を禁じ、同年八月には祢津志摩守ら重臣に蔵納改《くらおさめあらため》（年貢納入のための検地）を統一的基準で実施するように命じた。真田氏は武田武将だったから、甲州で使用されていた枡（上田では鉄判《かんばん》三升枡、京枡で三升入り）などを使用しており、数種の地元の枡が使用されていた。

　上田藩では全領的な検地は行われず、一貫文を二石四斗七升に換算して石高表示をした。これは仙石氏が入封した時、領地五万石余を総貫高二万二四〇貫文余で割った時の換算率といわれる。実際に測量して換算したのではないので、一貫文の土地の広狭は一定でない。

　仙石氏は、部分的検地を行い、石高表示への転換を試みたが、得失勘定が合わず結局断念し、一貫文を籾七俵に換算して、真田氏時代に認められていた年貢減免部分にできるだけ課税する年貢増徴策を採った。承応三年（一六五四）に至って村の実情に応じた籾換算率を村ごとに定め、新定代《じょうだい》とした。築地村では一貫文の定代は六俵三升四合とされた。

　毎年の年貢は、藩から村の石高と年貢率に基づいて各村に割り付けられ、村が責任をもって上納するようになっていた（村請制）。割り付けられた年貢を、村は数回に分けて領主に納めた。

　松平氏になってから、年貢の納入が籾納から米納★に代えられ、籾一俵（京枡で六斗）を京枡で米三斗八升になるよう摺らせて納入させるようにした。これは籾

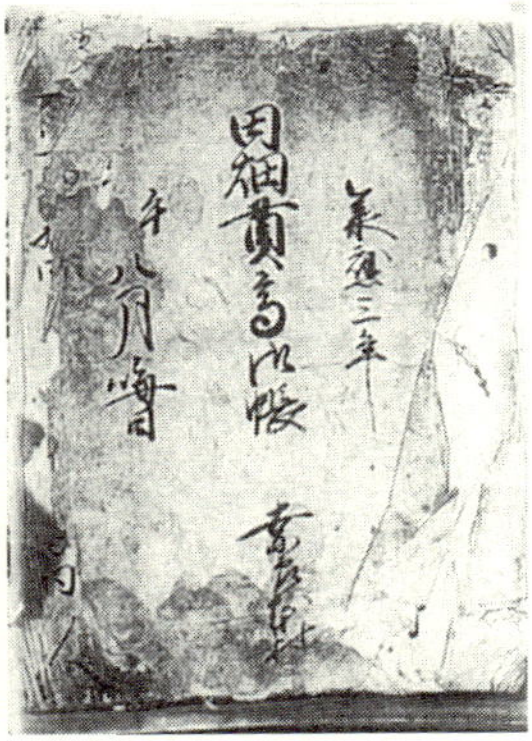
承応三年の貫高帳（『青木村誌』より）

▼米納
実際は一俵の籾六斗五升五合ほどを用意して、六分摺りにして目減り分も加えて、米三斗九升三合ほどを米一俵として納めることでようやく領主の求める米納となるので、籾摺りの負担は実質的な年貢増徴であった。ただし、寛文九年（一六六九）に分知された矢沢知行所は、明治まで籾納だった。

を六分摺りにして二升の目減り分を加えた計算になっている。

年貢米の多くは、江戸の藩士の給与や藩政諸費用を賄うために、上州松井田へ二重俵に詰めて農民が運ばされ、そこで売却された。上州は畑作中心だったから、松井田では比較的高値で米が売却できたからである。ほかに御膳米（藩邸納入用）や、御蔵米（郷倉積み立て米）なども精選され納入された。

松井田への輸送は、農民側に負担だったので、年貢の金銭での納入を願い出るところも多くなった。築地村では、宝暦十年（一七六〇）に二百八十四石余の上納米のうち金納が六十五石余、百年後の安政六年（一八五九）には上納米二百六十五石余のうち金納分が百五十二石余にも増加している。十月十五日、十一月十五日、十二月十五日の三回が金納日だった。年貢納入がすべて終わると、藩から年貢皆済目録が発行された。

年貢米を本年貢というが、ほかに小物成や夫役などの雑税が付加された。大豆や渋柿、薪、漆、萱《かや》（屋根葺き替え用）、松茸運上（特産松茸収入への税）などが小物成として、納入を命じられた。夫役は、藩の雑用や参勤交代などの人足を務めるもので、銭で納入した。

村役人と百姓

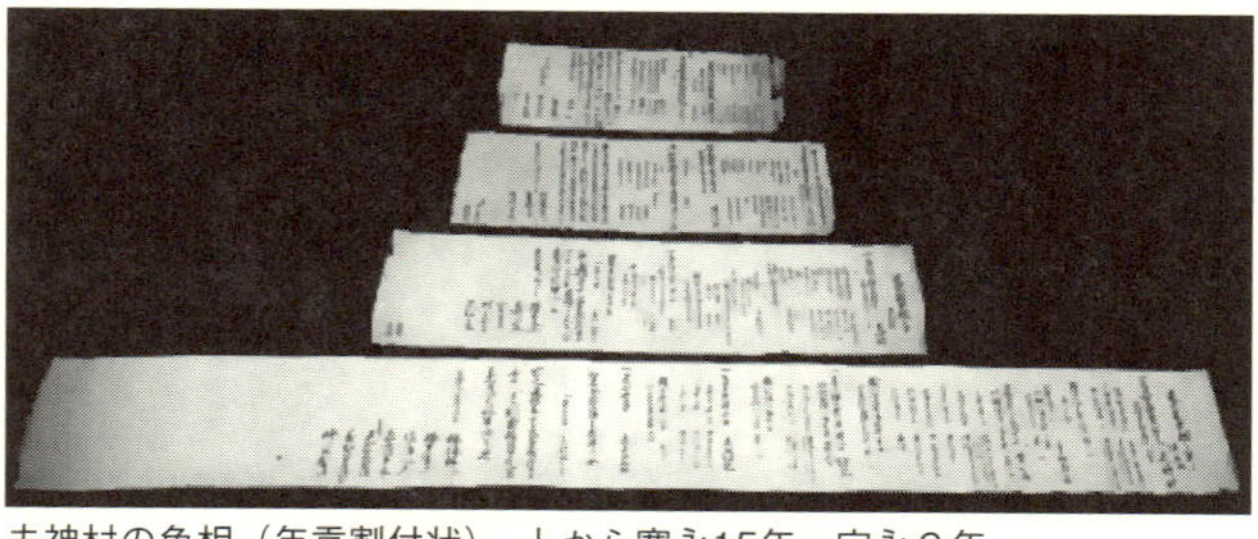

夫神村の免相（年貢割付状）。上から寛永15年、宝永２年、宝永７年、宝暦13年のもの。年貢減免や項目が増えて長くなった（『青木村誌』歴史編上より）

仙石氏時代に領内村々を、浦野・小泉・塩田・塩尻・国分寺・洗馬・田中の七組と武石村・川中島の二地域の九つの行政区に分け、それぞれに二、三人の割番を置き、組内村々のまとめ役をさせた。

松平忠周の京都所司代就任を契機に、領内支配強化を意図して、享保三年（一七一八）から元文四年（一七三九）まで割番の上に大庄屋を置いたこともあった。

村役人の長にあたる庄屋の呼称も、真田氏時代は肝煎《きもいり》が主であったが、仙石氏時代になって西国風の「庄屋」呼称に変わったようである。村政を担う庄屋、庄屋を補佐する組頭、村政の監視役の長百姓《おさびゃくしょう》（百姓代）が村方三役といわれる。

農民には、検地帳に記載され年貢納入の義務を負う本百姓と、所有する田畑をもたずに小作や日雇い労働などで生活する水呑み百姓、下人・抱《かかえ》などと呼ばれる有力農民に従う隷属農民などの階層があった。

宝永三年（一七〇六）の「宝永差出帳」では、農民を本百姓と、水呑み百姓に分けて記載している。百姓総家数七〇三六軒のうち、本百姓が四〇七五軒を占め約五七・九パーセントであった。しかし、田中組田中五丁や下吉田・本海野、浦野組吉田などは本百姓の比率が八割を超え、街道沿いや肥沃な水田地帯に本百姓の割合が高かった。逆に浦野組沓掛・奈良本（含入奈良本）・夫神《おかみ》、塩田組野倉などは水呑み百姓の割合が七割以上であり、山間地には水呑み百姓が多いという傾向が全領的にみられる。

嘉永三年（一八五〇）の横沢村絵図
大きな庄屋の家のまわりに一般農家がある
（『真田町誌』歴史編下より）

「宝永差出帳」をみると、記載されている九九カ村全村で米・大麦・小麦を作付けしていた。次いで大豆（九七パーセント）、菜・大根（七九パーセント）、蕎麦（七七パーセント）、稗（三六パーセント）、小豆（三五パーセント）、きび（三二パーセント）、タバコ（一三パーセント）、ささげ（七パーセント）の順で栽培されていた。

稲作をみると、ひえま、みめよし・よほという品種の順に栽培されていた（下表）。ひえまは平坦地の全領村々で、みめよしは塩田組など千曲川西一帯で、よほは国分寺組など千曲川東一帯で栽培され、品種に適した作付けが行われていた。

収量は江戸時代は一反あたり籾四石八斗、悪いところで籾三石内外だったが、農民は日々、生産向上のため、適地適作の実験を重ねていた。

農事の一年と農業用水

農民は春の土用（太陽暦の四月頃）に田打ちを始め、種浸しをする。八十八夜頃から、種まきをする。植え付け前に、田に肥料を入れる。肥料は、刈敷《かりしき》・まや肥★・下肥《しもごえ》・わら・鳥の糞などであった。刈敷は、山野の雑草や若木などで、共有の入会地《いりあいち》へ春先の山の口明け時期に出かけて、刈り取って、馬の背などに積んできて、田んぼにすきこんだ。

▼まや肥
牛糞の肥料。

稲の品種

品　種	記載村	パーセント
ひえま	66	65
みめよし	49	50
よほ	49	50
永楽	38	39
とうほ	32	33
熊野早稲	22	23
甚三	21	22
文蔵もち	18	18
ねりきぬ	17	17
ささふか	14	14
北国	11	11

『上田小県誌』より

五月の中頃（太陽暦六月二十二日頃）から半夏生《はんげしょう》（太陽暦夏至より十一日目）までに田植えをした。草取りが大変で、三、四回は必要だった。台風除けの風祭りを二百十日（立春から二百十日目、太陽暦九月一日頃）の十日前に行った。

収穫は、延享二年（一七四五）の小島村小泉家の場合、九月十七日（太陽暦十月十四日）から始めて十日ほどで刈り終えた。脱穀は九月十八日から始め、日雇い人足を一〇人頼んで十月十五日に終えている。小泉家の労働力も合わせて十数名で、一カ月ほど脱穀作業がかかった。小泉家の田はおよそ四町歩（約四ヘクタール）で総収穫量は二七三駄、石に直して百三十二石だったという。こうして収穫が終わると年貢を納めて農閑期となる。

上田小県地方は年平均九〇〇ミリメートルという温暖少雨地帯で、これは江戸時代も同様に少雨であったと見られる。別所温泉の「岳《たけ》の幟《のぼり》」が雨乞い祭りであることもゆえなしとしない。塩田平は三万石とも言われる穀倉地帯だった。それを維持したのは産川、湯川などの用水のほかに多数のため池の存在が大きかった。

真田氏時代には、山田池・手塚池・甲田池・小島大池・来光寺池などが修築され、仙石氏時代になると、手洗池★・甲田池・上原池・北ノ入池などが増築されている。松平氏時代になると、開発がすすみ、水が不足したため、ため池の堤防を高くして水量を多く溜める工事が藩主導で行われた。手塚池は正徳三年（一七一三）に土手を五尺（一・五メートル）あげ、塩野池は正徳四年に土手を五尺あげ、

岳の幟
（上田市提供）

手洗池（上田市柳沢）

▼手洗池
承応三年（一六五四）に築造。

小島大池は享保二年（一七一七）に土手を三尺あげたなどの記録が残る。

多くは藩主導の普請で、上田藩から奉行・小奉行・小頭らが出て監督し、領内から人夫を集め、諸道具も藩から支給した。中には、保野《ほや》村の豪農原理兵衛が築造した才勝木池（下池地区）、舞田村の法樹院・保野村住職らが築造した舞田村の大平池、保野村の山寺池など、民間の主導で造られたため池もあった。

藩財政が逼迫してくると、新池普請もむずかしくなり、手塚村の不動池《ふどういけ》（新池）の場合、文化十三年（一八一六）から十五年間、毎年願い出て、ようやく築造できた。幕末には、幕府の道中奉行に願い出て、幕府からの援助をうけて河川工事やため池工事を行っている。

千曲川から取水する灌漑用水には枡網《ますあみ》用水と六カ村堰があった。枡網用水は、上田城岸下あたりから取水し、諏訪部・秋和・上塩尻各村を灌漑した。六カ村堰は小牧地区から取水して、小牧・諏訪形・神畑・上田原・御所・中之条の六カ村を灌漑する用水で、真田氏時代に開削が始まり、仙石氏時代に整備された。

六ヶ村堰頭首工場所
（上田市小牧）

◇2

百姓一揆と災害、飢饉

江戸時代の農民による領主への集団的抵抗を「百姓一揆」という。上田藩には義民の伝統があり、宝暦十一年（一七六一）の宝暦騒動が上田藩をゆるがせた。千曲川洪水や飢饉などが農民を苦しめ、藩財政を悪化させた。

義民の伝統

上田領では江戸時代を通じて、百姓一揆が主なもので二〇件ほど発生した。戦国時代から江戸初期においては、農民が他領に逃げ出す逃散《ちょうさん》、江戸時代前期は、新来の領主の年貢増徴策に対して、村役人らが村を代表して藩主や幕府へ直接訴える代表越訴《おっそ》といわれる形態が多く見られた。

十八世紀後半には、全藩領に及ぶ惣百姓一揆が起こった。武力的抵抗なので強《ごう》訴《そ》といい、しばしば藩側の村役人や豪商らの家を打ち壊した。一般百姓が台頭してきて、村役人らの不正、非法をただす村政民主化闘争を村方騒動という。幕末から明治にかけて、政治変革の思想とあいまって、富の平均化を要求する世直し意識が高まり、強訴・打ち壊しを伴う暴動的性格をもった世直し一揆も発生した。

〝天和の義民〟増田与兵衛明神碑
（青木村入奈良本区）

青木村入奈良本区に、与兵衛明神と呼ばれる祠《ほこら》がある。天和二年（一六八二）のこと、藩主仙石政明に村人の困窮と庄屋の横暴を直接訴え出て処刑された増田与兵衛を祀っている。

与兵衛は、処刑から七十七年後の宝暦九年（一七五九）に氏神として祀られた。処刑の時、藩士の使者が早馬で「その刑待て」と叫んで駆けてくるのを、「早く斬れ」と聞き間違えて処刑されたという伝承も、与兵衛への敬慕の念からつくられたものであろう。

青木村中挾区には、新七稲荷と呼ばれる祠がある。享保六年（一七二一）に没した平林新七を祀っている。平林新七は、中挾村へ検見にはいろうとした役人を鎌で斬り殺した罪で死罪になったとも、追放されたともいう。新七のおかげで年貢減免ができた村民らは、明和四年（一七六七）に稲荷祠を建てて新七を義民と

新七稲荷
（青木村中挾区）

上田藩の主な百姓一揆

元号	西暦	発生地	首謀者	主要求	
慶長十一	一六〇六	秋和			逃散
元和二	一六一六	別所など二〇カ村			逃散
承応二	一六五三	武石村	小山久助	新開地年貢減免	越訴
延宝三	一六七五	塩田組平井寺村	林徳右衛門	飢饉による年貢減免	越訴
天和二	一六八二	浦野組入奈良本村	増田与兵衛	(庄屋非法)・救恤米願い	越訴
享保六？	一七二一	浦野組中挾村	平林新七	(検見人非法)・年貢減免	越訴
宝暦十一	一七六一	浦野組夫神村	浅之丞・半平	金納相場替え・年貢減免	強訴
天明四	一七八四	小泉組下室賀村	小山磯之丞	庄屋不正による罷免	越訴
文化六	一八〇九	浦野組入奈良本村	堀内勇吉	庄屋非法による役替え	村方騒動
明治二	一八六九	浦野組入奈良本村	九郎右衛門ほか	二分金通用・物価値下げ・割番廃止	強訴・打ち壊し

して祀った。

宝暦騒動

上田領の最大の百姓一揆が、宝暦十一年（一七六一）に発生した宝暦騒動である。宝暦年間は、水害や凶作が相次ぎ、この年も旱魃で、収量は平年の五分（五割）作だったという。浦野組夫神村の組頭（中沢）浅之丞と百姓（清水）半平が頭取として村々の百姓を一揆へと立ち上がらせ、途中、藩側とみられた庄屋宅らを打ち壊しながら、約一万三〇〇〇人が上田城下へ押し寄せた。

農民らの要求は　一、金納米相場を松井田から上田相場にせよ、一、松井田までの城米輸送を領分境までに短縮せよ、一、年貢米を籾納めにせよ、一、出人催合金《もやいきん》★の廃止、一、検見役人の不当饗応禁止、一、庄屋役の五年交代、一、年貢先納停止、一、御膳米の拵え賃要求、一、鳥追い・鉄砲撃ち人足の廃止、一、実在しない田畑への課税免除、などであった。

前藩主松平忠愛は、お部屋女中を五〇人余召し抱え、江戸では吉原で遊女遊びにふけっていたので、財政難になったと騒動記録『上田縞崩格子《うえだじまくずれごうし》』に記されるほどで、そこへ、新増税策がとられて、農民の不満が爆発したのだった。

一揆勢に対応した城代家老岡部九郎兵衛は、二十九歳の若さであったが、農民

▼催合金
出人（奉公人）への賃金不足分を村で援助する費用。

『上田縞崩格子』
（上田市立博物館蔵）

の要求を聞き、評議を重ねた。騒動は四カ月余に及び、岡部は二度も江戸へ出て藩主を直接説得し、一揆方の要望をほとんど認めて、騒動を鎮撫させた。

農民の要求の第一が金納米相場の適正化にあったことは、当時の年貢納入が金納中心であったことを意味し、庄屋役の五年交代要求は、庄屋不正防止という村方騒動の要求につながるものであった。

藩は、部屋女中三〇人を解雇するなどの緊縮方針をとったものの、一方で、首謀者の浅之丞や半平を逮捕し、処刑した。半平と浅之丞は、「いさぎよく散るや此世の花ふぶき　千甫（半平のこと）」「散る花は昔誠のならいかな　久和（浅之丞のこと）」という句を詠んで、落ち着いて処刑されたといわれる。

上田藩宝暦騒動の時の郡奉行であった桂覚右衛門吉治は、責任を問われて罷免されたが、むしろ農民の側に立った騒動記録『小毖録《しょうひろく》』と『私議政事録』の二冊の著書を密かに書きのこしている。また、一揆の調停に奔走した岡部は、その年の十二月、行年三十歳の若さで亡くなった。

宝暦騒動にみられた庄屋の交代制要求は、その後、庄屋など村役人と一般農民とが対立する村方騒動の要求となり、上田領内各地に発生した。十八世紀後半から富商・富農と貧農の格差が急速に拡大したため、幕末から明治にかけて、富の平均化を求める世直し一揆が発生することになる。

〝宝暦の義民〟中沢浅之丞の墓（青木村夫神区）

〝宝暦の義民〟清水半平の墓（青木村夫神区）

「戌の満水」と「天明上信騒動」

江戸時代の千曲川水害は二〇回ほど知られるが、最も被害の大きかったのは寛保二年（一七四二）の水害で、「戌《いぬ》の満水《まんすい》」★と呼ばれた。この年、旧暦七月二十日頃から降り出した雨は八月一日（太陽暦一七四二年八月三十日）には、上陸した台風の影響で大暴風雨となり、千曲川流域は集中豪雨に見舞われた。千曲川は大洪水となり、山麓からの山抜け（土砂崩れ）が、下流の村や宿場を襲った。金井村（現・東御市）では全六五軒のうち六二軒が流失したり倒壊したりした。村の人口三〇〇人ほどの三分の一を超える一一三人が亡くなる壊滅的打撃をうけた。金井薬師堂裏のお墓には「寛保二戌年八月朔日」とか、戒名に「林龍潜水門」など、水害当日の命日や戒名に水の字が入っているものも多くみられる。

田中宿（現・東御市）では、流死者六八人、流失家屋一一九戸、残った家がわずかに二九戸という惨状だった。海善寺村もほぼ全戸の五六戸が押し流され潰された。「問屋日記」には上田領全体で流失家屋六七一戸、砂入家屋五七四戸、流死人一五八人とあり、上田領全体では二万七千石もの損耗となった。この洪水で諏訪部河原には、千曲川上流からの流死者が大量に流れ着いたため、上田藩ではそれらの死体を集めて、秋和の正福寺に、「流死含霊《がんれい》識」の慰霊碑を建て、霊を

▼戌の満水
寛保二年が庚戌年のため、こう呼ばれるようになった。満水は洪水のこと。

寛保二年水害流死者の墓
右の墓には「空沈月夜水禅定門」とある。他に「中流戯水信士位」「藍水禅童子」などと刻まれた墓がある。
（東御市金井薬師堂裏）

弔った。これが正福寺の千人塚である。

　上田藩は、災害のたびに幕府から復旧費用を拝借していた。享保十七年（一七三二）に三〇〇〇両、寛保二年に五〇〇〇両、宝暦五年（一七五五）と明和二年（一七六五）、安永八年（一七七九）に三〇〇〇両などだが、その額は寛保二年が最高額で、また災害復旧のために、上田藩の財政難に拍車をかけることになった。

　江戸時代には飢饉・凶作も多く、上田領でも寛永十九年（一六四二）の平年作の四分の一という凶作以来、主なもので三三回記録され、八年に一度の凶作という割合だった。中でも、天明の飢饉と天保の飢饉は大変な被害をもたらした。

　天明三年（一七八三）、浅間山が大噴火し、北麓の鎌原村（現・群馬県）等を土石流が押し潰した。この前年の六月から小県郡でも連日の降雨によって米穀の実りが悪く、天明三年はさらに冷害による凶作で、上田領では五万三千石のうち三万七千七百石ほどの減収となった。大麦・小麦も平年作の四、五割の作柄だった。米は一両で九斗しか買えなくなり、諸物価は高値になった。

　天明三年には、佐久からの上州への移入米が途絶え、窮地に追い込まれた上州の畑作地帯の貧民を中心とする一揆勢が信州へなだれ込んできた。一揆勢は、軽井沢から岩村田、小諸を襲撃し、上田領に入った。田中組、洗馬組上原村の庄屋、酒屋を襲い、神川を越えて伊勢山村に入ろうとした。伊勢山村名主らは上田藩に出兵を依頼し、神川で防備態勢を組み、襲ってきた一揆勢を斬りふせ、ようやく

通称千人塚「流死含霊識」
（上田市正福寺）

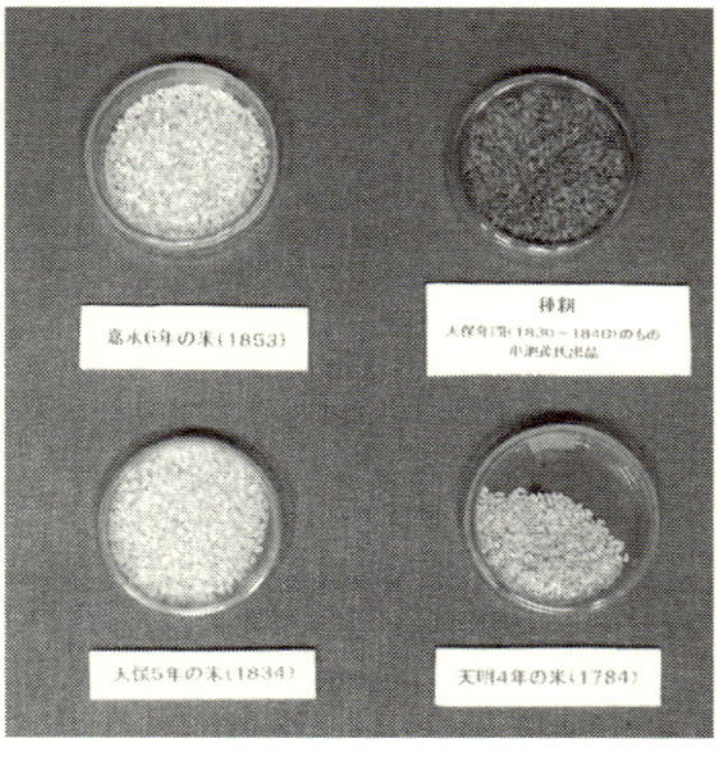

飯米標本
天明四年と天保五年の米は飢饉当時のものという。
（上田市立博物館蔵）

撃退した。これを「天明上信騒動」という。

天明三年の飢饉によって、多くの農民が借金のため、田畑や家屋敷を手放さざるを得なくなった。彼らを潰れ百姓という。横沢村（現・真田町）では、潰れ百姓が三九軒、一五一人もあった。

天明五年も旱魃で三万二千五百石の損耗（減収）、同六年は田方一万四千三百石、畑方千五百石の損耗と、飢饉・凶作は続いた。農民らはたびたび藩からの援助を願い出た。藩も救助金を出したり、餅つき禁止とか節約を奨励し、藁餅の製法書を領内に配ったりの対策をとったが、藩財政の窮乏は進んだ。

天保飢饉と救恤策

上田藩では飢饉に備えて、文政十三年（一八三〇／十二月十日に天保と改元）に籾を備蓄する制度を始め、囲い蔵を、洗馬組と田中組に設置することにした。ところがこの年は大霜、天保二年（一八三一）は不作で、天保四年は天候不順と台風などの被害で、この年だけで五万千五百五十六石余の損耗（減収）で、平年の三厘（三パーセント）しか収穫のない大凶作だった。備蓄米はこの年だけでも底をついた。天保七年も冷害で、この年は天保四年を上回る五万二千二百七十八石余の損耗となった。天保四年から十年の間に平年作は天保五年のわずか一年のみで

嘉永３年（1850）の横沢村絵図
農家はかやぶきであった。
（『真田町誌』より）

あった。

この飢饉の時、領内の検見にあたった農民出身の藩役人で和算家、竹内善吾は、「苗代に秋を祈りし甲斐もなくみのらぬ稲を刈るやわびしき」と農民に共感する歌を詠んでいる。富裕者も社寺も私財を投じて粥を施した。藩は、茶屋では蕎麦・うどん・素麺に限ることなど食糧の節約を奨励し、藁餅や蕨《わらび》粉等の製法★を教え、各地の冠婚葬祭や諸行事の中止等で倹約をさせた。

天保七年、上田藩は家中一同に対し、藩主松平忠優自ら家中の窮状を訴え、上下一致して倹約することを申し渡し、やむを得ず三カ年間の面扶持《めんぶち》★を命じた。これは、例えば二百石取りであっても原則は家族数に応じての扶持米支給なので、大変な減収となった。

藩主忠優は、領分村々を巡回し、七十歳以上の老人には米一斗、極難者には一日米一合一勺、七歳以下の者には一合ずつを給与することにし、十一月には原町・海野町へ、銭一〇貫文・塩一俵ずつを極難者救助として給与している。さらに、越後方面へ藩士八木剛助や竹内善吾を派遣して米の買い付けをさせている。また、藁餅の製法書を領内に配ったり、援助金を拠出したりして、救恤策《きゅうじゅつさく》をとった。

しかし、これらが実効があったとはいいがたい。藩は十分な対策もとれず、救恤と年貢減免により、財政窮乏は進んだ。

▼藁餅や蕨粉等の製法

藁餅製法

一、藁一束を長さ一分（三ミリ）位に切り、よく干して石臼にて挽いて、ふるいにかけて、水に何度も浸してあくをとり、干して、粉にするとよい。

一、藁一束で一番粉三升とれる。

蕨粉製法

蕨の根を取り、土を洗い、立て臼にてよく搗き、その根を三尺丸ほどの束にし、水一石ほどでよくもみだし、半切桶へ麻袋などでこして、上水がよく澄んだら上水をこぼし、沈んでいる白水を小桶に移し、ふたをして、上水の澄んだところをだんだんこぼして桶底の固くなった時に、鉄べらなどで削るとよい。

▼面扶持

面扶持とは、飢饉などの折に、身分や家禄にかかわらず、家族の人数の割で扶持米を支給すること。

③ 養蚕・蚕種業の発達

江戸時代、桑栽培に適した上田・小県地方で桑栽培が盛んとなり、蚕種業が発達した。上田発の養蚕技術書も多く作られ、我が国だけでなく、ヨーロッパにまで伝えられた。開国により、上田産の蚕種は我が国を代表する蚕種として輸出産業を支えた。

養蚕と上田・小県

宝永三年（一七〇六）の「差出帳」には、七二カ村で、桑を栽培していることが記されており、すでに全領的に桑栽培が進んでいた。十七世紀の中頃、依田川流域で桑栽培が始まり、急速に全領へと広がった。『小縣郡年表』には、「桑園は養《よう》蚕《さん》★とともに元禄（一六八八～一七〇四）に萌《きざ》し、畑畔《くろ》等に植え、宝暦・明和（一七五一～七二）にやや開墾し、寛政年間（一七八九～一八〇一）に踏入河原にはじめて桑を植え、文化年間（一八〇四～一八）、上田城下川原桑畑、利潤あるにより負加（課税）として年々米百俵を納む、嘉永六年（一八五三）には増して米五十七石七斗に至る、其の利、麦・豆に二、三倍するを以て、駸々（早く進むこと）年に増し、月に盛んにして、天保（一八三〇～四四）に本貫畑にも及ぶ」とあり、川

▼養蚕
蚕（蛾の幼虫）を育て、繭から生糸（絹）を製する養蚕・製糸業は中国古代から始まり、弥生時代に日本に伝来した。蚕は桑の葉を餌とするので養蚕地帯では桑を栽培した。養蚕業に相応して、蚕種（蚕の卵）を生み付けさせた蚕種紙（蚕紙）を製造、販売する蚕種業も発達した。

原での栽培が広がり、さらに年貢地である畑地へも広がったことがわかる。川原は年貢地でなかったことと、乾燥地で日光がよく当たり、通風状態もよいので、桑の葉に蠁蛆《きょうそ》という蛆《うじ》虫が寄生しにくいという利点があった。

養蚕業の発達にともない、本貫畑（年貢を賦課すべき畑）へ桑栽培をした場合には、一反につき大麦五升を郷倉に蓄えさせ、救荒に備えさせた。これを趣意麦といい、房山・山口の両村だけで趣意麦地は二三町ほどの多きに至ったという（『小県郡年表』）。桑栽培が盛んになったことがわかる。

質のよい繭をつくる桑の研究も行われ、上塩尻村の養蚕・蚕種《さんしゅ》業者である藤本善右衛門縄葛《つなね》は、古文書や金石文などのほか桑の葉を観察分類した『続錦雑《しょっきんざっ》誌《し》』八九巻を著した。ここには中部・関東一帯の八〇〇枚もの桑の葉の拓影が掲載されている。

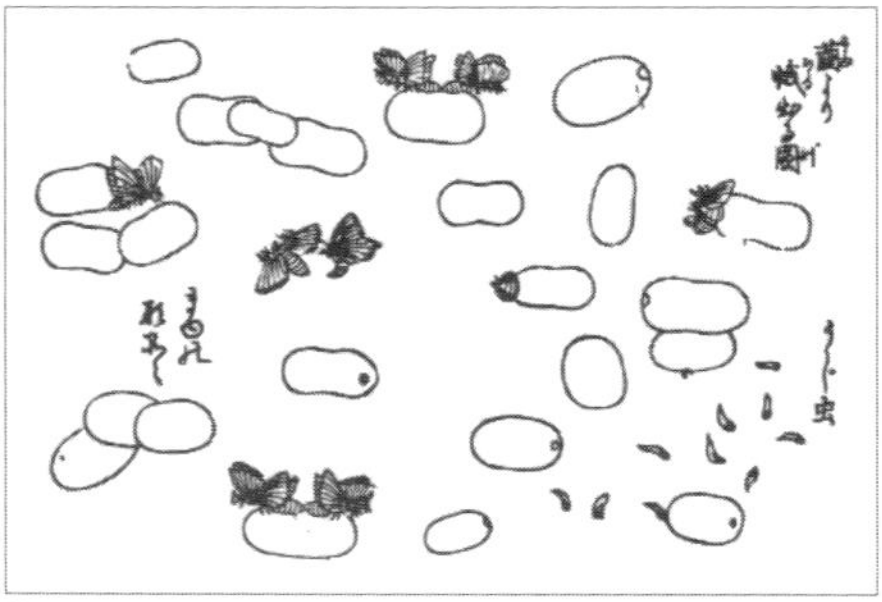
「蚕より蛾の出る図」
（『養蚕秘録』より）

養蚕技術と『養蚕教弘録』

文化五年（一八〇八）の諏訪部の田中家の「蚕万才覚帳★」をみると、同家では、蚕種紙から蚕の孵化したものを、新しい蚕座に掃き立てることを四月十八日、十九日、二十日、二十一日の四日に分けて行った。四月十八日に掃き立てられた稚蚕に、一つ休み（第一眠）後に初めて桑をくれたのが四月二十八日で、以後、桑

▼**蚕万才覚帳**
養蚕の記録。文化五年に田中家は、蚕種三五五枚代金三十両余、生繭六貫六百目代金五両三歩、真綿収入九両弐朱、総計四十五両余収入があり、かなりの純益があった。

を与え続け、成長した蚕は脱皮する時に桑を食べずに四回眠る。これを成長ごとに二つ休み（第二眠）、舟休み（第三眠）、庭休み（第四眠）という。五月二十二日に上蔟《あげまぶし》（蚕に繭を作らせるために蔟《まぶし》★に入れること）した。ほかのも大体三十四、五日で上蔟させている。蚕棚《かいこだな》は、蚕室だけでなく茶の間や座敷にもつくられた。給桑の最盛期には、自家の桑だけで足りず、ほぼ毎日、房山村などへ桑買いに出かけている。買い物に「すごぼや」とあり、この頃の蔟はぼや（木の小枝）でつくっていたこともわかる。

養蚕技術書も多くつくられた。宝暦七年（一七五七）に上塩尻村の塚田与右衛門が著した『新撰養蚕秘書』は、信州の風土にあった養蚕技術を紹介した先駆的書であった。与右衛門はその後も実験を重ね、養蚕記録「養蚕後編」を残した。これを与右衛門の孫、塚田茂平がのち『訂正養蚕秘書』（明治二十七年）として刊行し、全国各地の養蚕地帯に普及した。天保十一年（一八四〇）には舞田村の中村弥七郎が『養蚕重宝大全』を、天保十二年には上塩尻村の藤本善右衛門保右《やすすけ》が『蚕かひの学』を著した。弘化四年（一八四七）には同じく上塩尻村の清水金左衛門が『養蚕教弘録』を著し、本書は、幕末期にフランス語訳され、フランス、イタリアなど、ヨーロッパの養蚕家にも読まれた。さらに金左衛門は、蚕室の除湿と換気のため、メカルガヤ（イネ科の植物）を使った乾湿計を明治六年（一八七三）に考案し、内国勧業博覧会などに出品している。

▼蔟
蚕が繭を作るための巣。

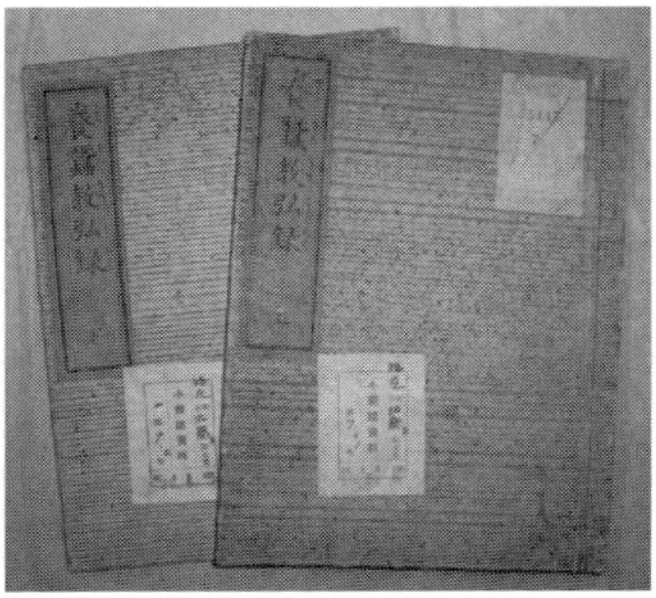

『養蚕教弘録』
（上田市立博物館蔵）

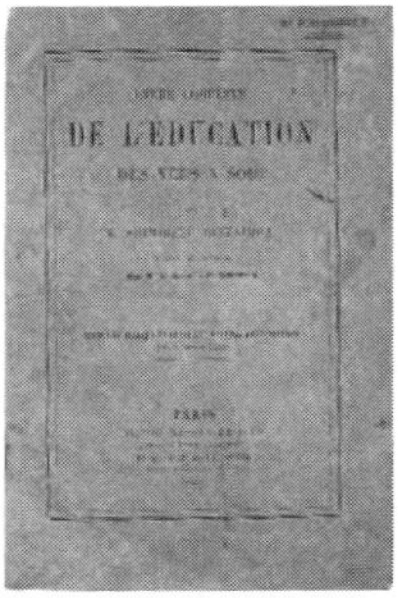

明治元年の『養蚕教弘録仏訳本』
（『蚕糸業の先覚者』より／清水久之助氏蔵）

清水金左衛門の乾湿計
（『蚕糸業の先覚者』より／清水久之助氏蔵）

輸出された上田の蚕種

蚕種の本場は、十七世紀中頃から奥羽信達地方（現・福島県）であった。江戸前期の蚕は大林丸（別名金丸）とタダコ（別名ヲヲミコ）の二種が主要品種で、その後上田の蚕種商人が奥州仕入れをしつつ、品種改良を進めた結果、天保期には、上田が日本有数の蚕種産地となった。文政五年（一八二二）に高崎で七カ国（奥州・信濃・武蔵・下野・上野・相模・甲斐）の蚕種商人の寄合をした時、全参加者四九九人中、信州仲間が二四〇人（四八パーセント）を占めていた。天保十三年の同寄合では四三九人中、信州仲間は二二〇人（四九パーセント）で、信州仲間が圧倒的な数を占めていた。さらに天保年間の上田領内の蚕種業者は、四五パーセントが塩尻組に集中していた。

上田の蚕種業者は競って、飼育が容易で品質のよい糸が多量にとれる蚕への品種改良を進めた。寛政元年（一七八九）に伊勢山村の中村源右衛門らは、小石丸という、繭が小石のように固くしっかりした新品種を生み出した。以下、糸錦（一八〇四）、玉稀（一八二五）、黄金生《おうごんせい》（青白《せいはく》・一八二七）、信州かなす（掛合《かけあい》・一八四八）などの四十余種の新品種・銘柄が、上田小県地方の蚕種業者によって生み出された。掛合は藤本善右衛門縄葛《つなゐ》が、又昔と黄金生を掛け合わせて生み出し、

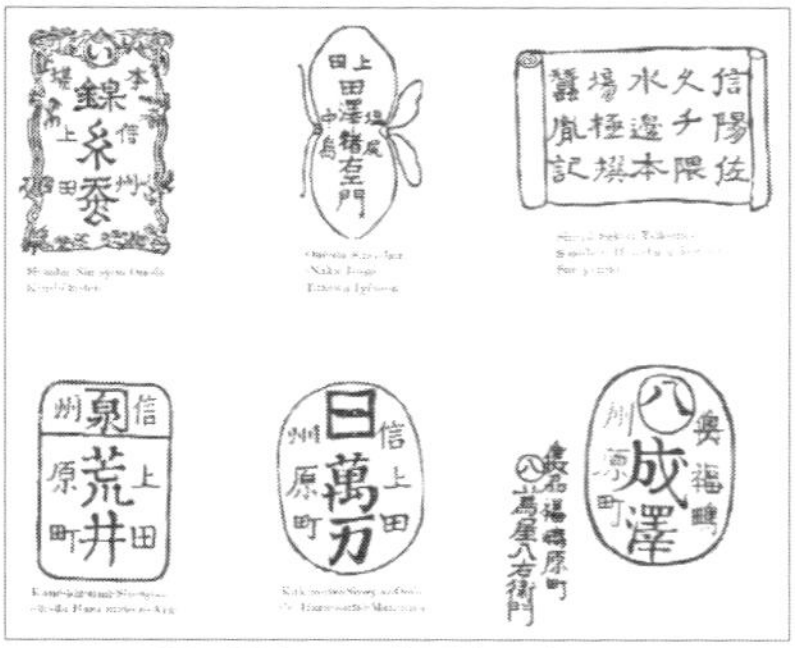

フランス語に訳された養蚕書に出ている
上田商人らの商標

蛆害にも罹りにくく飼育成績が抜群だったので、信州かなすの名前で国内ばかりでなく外国にも輸出され、一躍、蚕種地塩尻の名をひろめた。

十九世紀の中頃、フランス、イタリアの養蚕が微粒子病で大打撃をうけたので、幕府も慶応元年（一八六五）に蚕種紙の輸出を公認し、いっきょに一〇〇万枚もの輸出市場が生まれた。慶応三年には、全国輸出高一四一万枚のうち、上田蚕種商人が準備したのは六二万枚にものぼっていた。とくに信州かなすの蚕種紙は一枚三両から四両の高値で売れたという。輸出用蚕種紙が飛ぶように売れたため、中には粗悪な蚕種や菜種の種を紙に付着させて輸出する悪質業者も出た。それを憂えた藤本善右衛門縄葛らは、明治の初めに妙《みょう》蚋《みょう》連《れん》という蚕種輸出組合をつくり、優良な蚕種の輸出に努めている。

上田小県地方の製糸業は、『小縣郡年表』によれば、上塩尻村の藤本善右衛門昌信《まさのぶ》ら一〇人が相談し、文化九年（一八一二）に、上州から繰糸《くりいと》（繭から生糸をとる）女子を雇い、村内の婦女子に先進地の製糸技術を習得させ、業を始めたという。善右衛門昌信らは、その後も多くの繰糸職人を招き、この地方の生糸生産の技術向上と市場拡大を図った。その結果、信濃細糸と呼ばれる良質の生糸が生産されるようになり、京都へ「のぼせ糸」として出荷され、西陣織用生糸の一端を担うようになった。

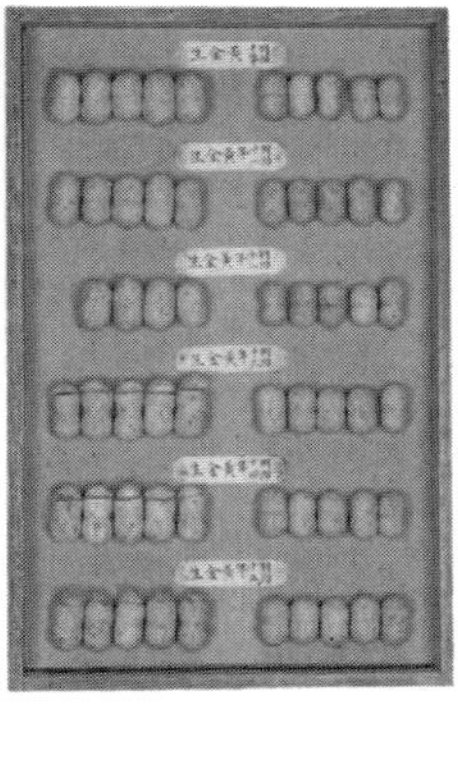

黄金生繭標本と種紙（弘化年間）
種紙にびっしり蚕種（卵）がゴマ粒のようにはりついている。この卵が蚕にふ化する。
（上田市立博物館蔵）

④ 庶民生活の向上

麻から木綿・絹織物へと衣料の多様化が進み、庶民の衣料はさらに高級化し華やかになった。規制を超えて、婚礼衣装や雛人形などの華美化、蹴鞠・相撲など娯楽の庶民化が進んだ。若者組の活躍により、村の遊び日（休日）も増加し、庶民生活は向上した。

衣料や雛人形の華美化

衣料の多様化が進むと庶民には、さらに魅力的な光沢のある絹織物や高級木綿衣料を着用する者も増えた。上田藩は、宝暦五年（一七五五）の「申達《もうしたっし》」で、村方の華美の風潮を規制し、文政二年（一八一九）の触書には、男女とも綿服を用いることと命じている。しかし、一方で男女とも七十歳以上の者には紬《つむぎ》の使用を認めている。さらに下着については絹紬の着用を認め、縮緬《ちりめん》以上を禁止した。女帯も絹紬までは使用を認めていた。結局、規制しても、実態として庶民間での絹織物の着用が一般化していたので、追認せざるを得なかった。

文政九年、築地村の大庄屋倉沢家のお梶が嫁入りするために用意した着物には、紫地絹綿入・そら色地絹綿入・上田縞綿入・白むく・緋縮緬・白綸子・木綿青梅綿入・木綿桟留など五二点もの絹織物や高級木綿織物があった。

こうした華美な風潮に対し、上田藩は天保十三年（一八四二）八月末から、領内の贅沢な着物を着している者の一斉摘発を実施した。東前山村の才次や同人女房さとは絹織物や日傘、髪に高価な簪《かんざし》や笄《こうがい》をつけ、下塩尻村沓掛権右衛門の下男八百蔵は絹布の羽織をまとい、女房や下女にまで御制禁の衣類を身につけさせていたことなど、計七六人（内、女三九人）を呼び出して叱り処分をした。また八百蔵の主人である沓掛権右衛門も監督不行届ということで叱り処分をうけた。この摘発は九月中旬まで続き、塩田組や小泉組、塩尻組の他村へも広がり、延べ一二五人ほどが処分されている。しかし、こうした摘発にもかかわらず、天保十五年に倉沢家のきそが再縁する時には、上田縞綿入・紫縮緬綿入・結城縮緬単物など、四〇点の衣料を用意するなど、贅沢な方向はとどまらなかった。

安政三年（一八五六）に原町商人成沢寛経の著した『百合ささめごと』によると、寛政の頃は男子の服は麻羽折（羽織）で、婦人は綿服で裏は花色絹だった。帯は飛八丈★で、これを市中の富家から下女までおしなべて使っていたようだ。その後、徐々に京虎伯（琥珀）の帯で一両二朱くらいもするものを用いるようになり、織物は勿論、目に立つ天我絨《ビロード》★なども見かけるようになった。婦人の衣服は、美濃桟《さん》留《とめ》程度だったのが、結城とうつり、カピタン柳川とかわり、御召縮面（小幅の縞縮緬）とまで華美になった、と、呉服太物問屋の主人ですら、この急速な変化に

▼飛八丈
鳶八丈で、鳶色の地に黄または黒の格子縞のある絹織物。

▼ビロード
ポルトガル語。パイル織物の一種。英語でベルベット。

▼美濃桟留
「天明の京都の大火」後に美濃でこしらえたもの。

驚いている。麻や綿の時代から、絹織物のほか天我絨、桟留、カピタン織りなど外来の織物までもが輸入されたりし、上田地方にも多様な衣料が流入してきた。

上田の雛祭りの風習はいつ頃始まったのだろうか。宝永八年（一七一一）二月三日に、柳町の平八が江戸浅草の松坂屋喜右衛門方へ、雛人形を買い求めに出て、二月十八日に戻ってきた。松坂屋喜右衛門は、浅草茅町一番組（人形仕入れ問屋組合）の人形店であった。二月に出たのは三月の雛の節句に間に合わせるためだろうから、この頃すでに上田町でも雛祭りの風習があったことがわかる。

上田木町の町年寄役を務めた成沢家の「享和二年（一八〇二）亥弥生　雛人形受納控」には、長女りせへの初節句の祝儀として、江戸の上雛、京都製の京雛、鴻巣雛などが記されている。また押絵雛★に「まつ」雛が四点あり、「まつ」は松本の略で松本押絵雛であり、この頃には、上田にも入り始めていた。他の庄屋記録をみても、初雛祝いや端午の節句祝いは盛んに行われていた。

上田藩は雛祭りにつき、天保十二年（一八四一）七月には、孫祝い雛、幟、初節句などに制限を加え、天保十三年五月に節句飾り物について厳しい命令を出した。五月の節句では過分の飾り物を以後禁止する、三月雛飾りは内裏人形二対までは許可する。人形の丈は八寸（二四・二センチ）以上は禁止などとした。しかし、実態は、規制を無視して華美になっていった。

領主からのさまざまな禁令をのりこえて、庶民生活が向上したことが、衣料の

田口家のひな人形
（『上田の雛人形』より／田口光一氏蔵）

横町の田口家の内裏雛。平八らが江戸で仕入れてきたものと同時期か、それに近い時期のもののようである。十八世紀前半に江戸で購入された雛で、現在知られる上田最古の雛人形といえる。

▼押絵雛
人物などの姿を厚紙でつくって、これに綺麗な布を貼り、中に綿をいれて高低をつけた立体的布細工雛人形のこと。竹串をつけた松本押絵雛が有名。

高級化や雛祭りの風習でもみることができ、庶民の日々向上したいという意欲と行動が、江戸時代を少しずつ変えていったといえよう。

蹴鞠の流行

蹴鞠《けまり》★という平安時代に流行した京都貴族の遊びがある。江戸時代には信濃各地だけでなく、上田でも盛んに行われた。

享保十三年（一七二八）に、上田藩主が町内で蹴鞠見物をしている。明和元年（一七六四）には、上田で蹴鞠大会があり、第一日目は横町の貞松院の鞠場、第二日目は常田村の新井氏亭にて興行した。二カ所とも各地各国からの鞠人が〝雲の如く〟に参集し、〝町・家中の見物山の如く〟であったという。

上田市立博物館に沓掛家蹴鞠資料が寄託されている。烏帽子《えぼし》（黒色かぶり物）、水干《すいかん》（狩衣《かりぎぬ》の一種で蹴鞠衣装）、袴《はかま》、襪《しとうず》（沓の下に用いるはきもの）、扇など、下塩尻村の酒造家沓掛権右衛門が使用した蹴鞠装束である。権右衛門は、京都飛鳥井家門人として蹴鞠の技を磨いていた。

文化十二年（一八一五）に、飛鳥井家が、江戸城中白書院の庭で将軍らに蹴鞠の技を披露することになった。全国から選抜されたすぐれた技量の一〇人の中に、沓掛権右衛門が抜擢された。五月七日の上覧の日、御三家や諸大名の居並ぶ中で、

▼蹴鞠
平安時代の貴族の遊技で、原則八人で、鹿革製の鞠を一定の高さで地面に落とさずに蹴り続け、その回数の多さを競った。競技場を鞠場という。

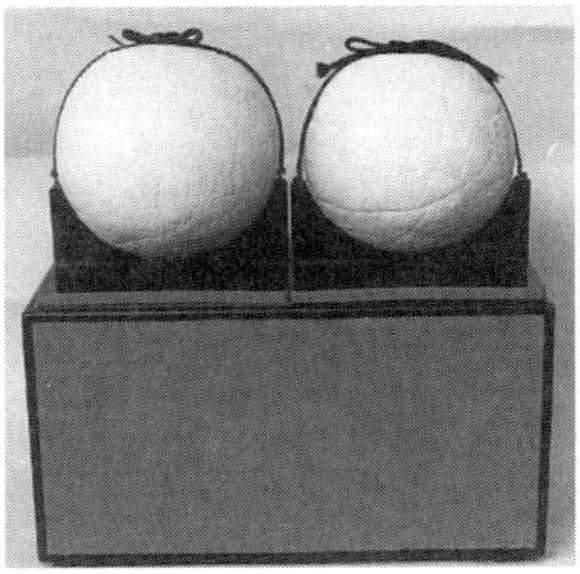

沓掛家の蹴鞠
（沓掛由梨子氏蔵）

晴れがましい想いで蹴鞠装束に身を固めた沓掛権右衛門は、対面の位置にいた一人に鞠を蹴渡した。蹴鞠は上手に蹴り続けられ、上覧式は無事終わった。

安政六年（一八五九）に八十五歳で没した沓掛権右衛門の墓には、飛鳥井家から信州の鞠社監《まりしゃかん》（鞠社中の監督者）に任ぜられたことや、上覧を務めたことなどが刻まれており、蹴鞠に夢中だった権右衛門の姿が描かれている。

なお権右衛門の墓の背後にある安永五年（一七七六）に二十九歳で早世した沓掛権三良の墓には鞠のレリーフがあり、、安永五年以前から、沓掛一族は蹴鞠に興じていたことがわかる

越戸村の庄屋井沢篤之進の書いた「万日記」（「井沢家文書」）には、蹴鞠興行をしたことや蹴鞠仲間と別所温泉へ入湯したこと、蹴鞠装束の虫干しをしたことなどが記され、沓掛権右衛門や周辺の有力農民らと蹴鞠を熱心に楽しんでいたことがわかる。井沢家にも白地葛袴や水干などが現存している。

十八世紀中頃から十九世紀前半にかけて、蹴鞠は上田小県地方の豪商・豪農らの間で流行し、主要な社交の場ともなっていた。

“雷電”の故郷と祭礼相撲

元禄時代の末頃、長瀬村（現・丸子町）の庄屋上原源五右衛門が、近所の子ど

沓掛権三良の墓
下部に鞠のレリーフが見える。
（上田市下塩尻、沓掛家墓地）

雷電為右衛門
（『相撲大事典』より）

もたちを集めて石尊《せきそん》大権現★の森（現・石尊の辻跡）に相撲道場を開いたという。

徳川吉宗の武芸奨励策もあり、享保頃から江戸相撲が盛んになり、延享元年（一七四四）には全国に相撲免許制がしかれ、勧進相撲の形態も次第に整い始めた。元文元年（一七三六）九月に、江戸大相撲の大関武蔵川、関脇桜川、小結嵐山、前頭日之出山らの一行が、越後（新潟県）への巡業興行途中、原町妙光寺境内で興行を行った。興行期間は九月二十八日から十月四日までの晴天七日間で、観客も多く入り、滞りなく千秋楽を終えた翌日の十月五日には、鷹匠町の矢場に四本柱土俵が設けられ、上田藩主忠愛も観覧した。

元文五年七月には、上田木町の半五郎が江戸相撲興行の興行許可を得て、八月一日から七日まで七日間、国分寺八日堂で勧進相撲を開いた。宝暦十二年（一七六二）に、江戸相撲年寄の初代浦風が石尊の辻を浦風の免許土俵とし、江戸相撲とのつながりが強くなった。

明和四年（一七六七）に、大石村（現・東御市）の農民関家に生まれた太郎吉は、幼い頃から怪力の持ち主で、十五歳の時、石尊の辻の上原源五右衛門家に引き取られ、相撲と学問の稽古に励んだ。

天明三年（一七八三）、石尊の辻へやってきた江戸相撲浦風林右衛門一行に見こまれた太郎吉は、翌年、浦風一門について江戸に上った。こうして江戸相撲力士としての一歩を踏み出した太郎吉は、天明八年には、出雲国松江藩主松平治郷《はるさと》

▼石尊大権現
石尊大権現は、現在の神奈川県の阿武利神社が総本社で、雨乞いの神といわれ、相撲では力水の神様にあたる。

石尊の辻記念碑
書は時津風。
（上田市丸子町）

(不昧)のお抱え力士となり、〝雷電〟として五人扶持を与えられた。

寛政元年(一七八九)七月、大坂興行で雷電為右衛門の名がいきなり東小結としてつけ出され、翌年十一月の江戸本場所番付では西方関脇の位置に名がある。

雷電はこの十一月場所で八勝一預《あずかり》(預は勝ち負けを決めないこと)の好成績で、以後寛政七年に西方大関に昇進し、文化八年(一八一一)に四十五歳で引退するまで、二十一年間で優勝二五回、二五四勝一〇敗、勝率九割六分二厘強という、相撲史上最高の勝率を残している。現役時代の体格は、六尺五寸(約一九七センチ)、体重四六貫(一七二キロ)の巨漢(異説もある)で、手の大きさは二三・五センチという。あまりの怪力のため、張り手・鉄砲(上突っ張り)・かんぬきの三手を禁じられたという伝説も生まれた。

引退後の雷電は、数え年五十歳の文化十三年まで、門弟たちをつれて東北・関東・信州など各地を巡業し、相撲の普及に努めた。また、寛政元年から文化十二年まで『雷電日記』★とよばれる旅日記を書き綴った文化人でもあった。文政八年(一八二五)に五十九歳で没した。文久元年(一八六一)に、雷電の偉業を讃えて牧家(現・東御市)に佐久間象山の手になる「力士雷電之碑」が建立された。

雷電以外の郷土力士に、祢津出身の稲川政右衛門、奈良尾村の工藤孫兵衛、上塩尻村に住んでいた稲妻祐助らがいた。とくに、孫兵衛は六尺三寸(約一九一センチ)、二七貫目(一〇一キロ)で、力が極めて強く、イバラの根や篠の根のは

力士雷電之碑
力がつくと信じられ力士らに削られたため、隣に新碑が建てられた。(東御市)

▼『雷電日記』
文化元年(一八〇四)の象潟《きさかた》地震で海中だった象潟が陸地化したことも驚きをもって記している。

びこる荒れ地を一人で鋤を手にして平坦地の畑にするほどだったが、二十四歳の若さで亡くなってしまったという（『小縣郡年表』）。

天明三年（一七八三）の江戸相撲の浦風林右衛門の石尊の辻への来訪を契機に、長島村や金剛寺村などをはじめ、村の若者たちが主催して行う祭礼相撲が盛んとなり、村人の娯楽として各地に広がった。

村の遊び日

江戸時代の農民の休日を遊《あそ》び日《び》といい、祭礼や農休み、諸行事、行政的都合などから定例休日が村ごとに定められるようになった。

天保九年（一八三八）以後に、下塩尻村の庄屋原家が記した「当村地方取扱用事集」には、年に三十日の遊び日と当日の食事が記されている。

「正月元日　朝ぞふ《（雑煮）》に餅　夕料理」から始まり三が日は休日。一月七日朝は七草粥、前日の夕食は料理とある。料理は内容は不明だが日常食ではない食事だった。一月の遊び日は、元日、二日、三日、七日、十三日、十五日、十六日、二十日だった。十五日朝は白粥を食べ、二十日の夷講《えびすこう》★の日は朝か夕に料理を食べた。

二月になると、一日と初午《はつうま》★、十七日、二十四日が遊び日だった。初午は二月最初の午の日で稲荷社の祭りがあり、この日は小豆飯か赤飯を食べて祝った。十七

▼夷講
商売繁盛を願って夷（恵比須）様を祭ること。

▼初午
二月最初の午の日に五穀豊穣の神である稲荷を祭ること。

日は山の神祭りで組合講が開かれ、山の口明けや一年の村の農事行事なども話し合われた。二十四日は愛宕《あたご》祭り★で火難除け・盗難除けを願った。

三月は、三日、十三日、八十八夜が遊び日で、草餅か小豆飯、赤飯を食べた。休日は日常を超えたハレの日だったから赤飯で祝った。

四月は判押しの日と山の口明け前が遊び日だった。判押しとは、村人たちが庄屋のところへ出かけて宗門人別帳に判を押す日で、朝は草餅か小豆飯を食べた。山の口明けは、刈敷などの肥料採取のために入会山に入ってよい日、いよいよ一年の農作業が本格的に始まるので、その前日が休みだった。

農繁期には休日は少なく、五月農休みが一日、六月は十七日と二十四日の二日だけだった。ただし七月は一日、七日、十四日、十五日、十六日、二十七日、風祭りの日と、お盆をはさんで七日も遊び日があった。

八月朔日《ついたち》は小豆飯か赤飯を食べ、十五夜名月には鍋餅★、彼岸の中日《ちゅうじつ》には団子を食し、祭礼の時は臨時休日となった。

九月は、伊勢講か重陽の節句の九日のどちらか一日が遊び日、稲刈りの終わった十月には秋休みで十日夜に餅を食べた。しめて三十日が定例の休日で、あとは臨時休日があり、冬の農閑期は行事日以外はとくに休日にする必要はなかった。

嘉永五年（一八五二）の舞田村では四十日の休みを定例休日としている。祭りを仕切る若者組の要求で、休日が増加傾向にあった。遊び日の食事も良質・多様

▼愛宕祭り
防火の祭り。

▼鍋餅
おはぎかぼた餅。

化し、赤飯・餅などの祝い食も増えた。江戸時代、村のことは村で決めるようになっていた。遊び日は、江戸時代の村の自治を示す象徴的な事例といえる。

十六歳から三十四、五歳くらいの年齢の者が若者組をつくり、祭礼や村内行事を切り回していた。文久二年（一八六二）に岩下村の若者組の仲間が、仲間のうちで博奕をしたり、悪事をする者がでたりしたら、三カ年の間つきあいをしないなど処罰規定を定めている。

祭礼では、若者らが自ら役者となって演ずる農村歌舞伎も盛んになり、文化十三年（一八一六）には祢津西町（現・東御市）に、翌年には隣の祢津東町（同前）にそれぞれ歌舞伎舞台がつくられ、「鎌倉三代記」「菅原伝授手習鑑」などが上演され、村人の娯楽となった。生島足島《いくしまたるしま》神社の歌舞伎舞台は明治元年（一八六八）に建てられ、間口九間（約一六メートル）、奥行六間半（約一二メートル）の現存する舞台としては県下最大である。

幕末期から明治にかけて、若者組が村の自治運営や文化向上の中心的役割を果たすようになっていた。

生島足島神社の歌舞伎舞台
（上田市下之郷）

これも上田

上田の獅子舞

上田城下に続く房山・常田地区に房山《ぼうやま》獅子・常田《ときた》獅子という獅子舞がある。真田昌幸の上田築城に際し、城の地固めに舞ったのが由来で、江戸時代には城内の祝い事や、各村の祇園祭りのたびに舞われてきた。

房山獅子の禰宜《ねぎ》は、天狗面と金色の烏兜をかぶり、五色の大きな八幡幣と鈴を持っている。獅子舞は三頭獅子舞である。上田小県地方の郷土芸能の華で、現在、上田市指定文化財となっている。房山獅子は大星神社の天王社に、常田獅子は信濃大宮社に属している。

房山獅子の地唄に「まよりきて　これのお庭を眺むれば　黄金小草が　足にからまる　まより来て　これの御門を眺むれば　御門扉が　せみや唐銅」と唄われるのは、お城の門扉が唐金で荘厳なことを讃えたもので、築城とのゆかりを想像させる。

前山の塩野神社には、毎年の春祭りに踊る前山《まえやま》三頭《みかしら》獅子があり、二頭の雄獅子が一頭の雌獅子を取り合って舞う。

生島足島神社では、毎年七月の祇園祭りの時、疫病退散を祈願して獅子舞を行い、上・下室賀にもそれぞれ三頭獅子がある。千曲川西の獅子舞には、花笠をかぶった三頭獅子と、子どもらの「ささら踊り」がセットになって演舞した。

房山獅子舞

常田獅子舞

上室賀三頭獅子

第四章 庶民文化の向上

寺子屋が普及し、俳諧などの庶民文芸が盛んであった。

①　地域の教育文化

上方の諸制度や信仰が上田領に入ることによって、土着文化と融合、凌駕しつつ地域文化を形成した。文書による支配の広がりが、文字学習の必要を生み、庶民教育を促し、寺子屋が発達した。農村での寺子屋は農閑期に開かれ、都市部では女子教育も始まった。

上方支配と地域文化

太閤検地での測量基準や京枡容量への統一、石高制の広がり、肝煎から庄屋への呼称変更等、上田でも上方風の支配が江戸前期に広まり、支配を強めた。信濃で唯一、貫高制《かんだかせい》という中世的な土地の表示法を残した真田氏も、その実態は石高制と同様のものだった。京枡以外にも地元の枡は多種類残ったが、そうした地域性を超えて、上方基準の諸制度が信濃や上田藩領をおおっていった。

上方の信仰も上田領に入ってきた。伊勢社や稲荷・金毘羅などの西国系神も、道祖神や氏神などの土着の神をしのぐ勢いで、江戸時代に急速に上田領へも浸透し、各地に伊勢社が造られ、伊勢講が行われた。疫病除けの祇園祭りも京都の祇園社（八坂神社）に発したもので、上田にも祇園祭りが定着した。

祇園祭りお舟の天王山車
上田の祭礼でも最大なものが祇園祭りで、海野町のお舟の天王山車は寛政12年（1800）に棟梁箱山藤吉らによりつくられ、高さ5.1メートルの舟形の山車が祇園祭りの花形となった。海野町自治会の所有。

本末制度の強化の中で、上田の諸寺院も京都有力寺院と濃密な関係で結ばれるようになり、民衆への神仏信仰の広がりは、京都上方文化の普及という側面をもっていた。

京都の青蓮院流（または尊円流）書家の松花堂昭乗《しょうかどうしょうじょう》が、江戸初期に幕府の祐筆（書記）へ書法を伝えたところから、徳川幕府の公用書体となり、御家《おいえ》流と呼ばれるようになった。諸藩もこれにならい、庶民も寺子屋で御家流を学ぶようになった。京都に生まれた学芸が、幕藩体制の浸透とともに統一的に全国に普及した事例である。

文書による支配

戦国時代、真田氏など在地小領主は、一族郎党らに直接口頭で命令することができた。

江戸時代になると、新しく入封してきた大名が、広い領内を統一的に支配するため、文書による命令伝達が最も確実な方法として必要になった。近世前期以降、支配のために必要な文書が増加した。例えば、年貢徴収のために検地帳や諸帳面が作成され、納入した証拠として年貢皆済免状《かいさいめんじょう》などの書類も発行された。

上田領では元和二年（一六一六）八月の「真田信之検地条目」、元和三年の重臣木

桃山風建築の願行寺四脚門
（上田市中央二）

村所左衛門の「給知改帳」などが、早い時期の年貢関係史料として知られている。

　領主の交代時、仙石氏から松平氏への支配替えの時は、宝永三年（一七〇六）六月二日に幕府から派遣された役人が立ち会って諸台帳の引き継ぎがされた。

　上田領の村高を記した「(郷村) 高帳」二冊、仙石氏が上田領を拝領してから新たに検出した高を記録した「拝領以後改出帳」一冊・「拝領以後切起高帳」二冊、上田領民の家族構成を書いてある「宗門改帳」一三二冊などのほか、綱吉の生類憐れみの令を反映して領内の馬や犬を調査した「馬毛付帳」一一一冊・「犬改帳」八六冊などもあった。「類族帳」というキリシタン親族の改帳や「莨若《たばこ》作高帳」二冊もみえ、すでに上田領内でタバコ栽培が行われており、課税していたこともわかる。これらの文書は支配のための基本台帳として必要であった。

　時代が下るにつれ、年貢や法令などの支配関係文書のほかに、庶民同士がその権利保障のために文書を作成するようにもなった。例えば、寛文元年（一六六一）に山口村の加右衛門が、上田町「といや《（問屋）》柳沢八右衛門」に「金井やこ之宮」にある「壱丁半すき」の所を金一分二朱で「えいたい《（永代）》（永久に）」売り渡すとの証文を出した（『長野県史』史料編㈠、以下『県史』㈠）。寛文十年（一六七〇）に曾右衛門なる人物が、善十郎の跡目を相続することになり、手形（証文）を戸右衛門なる人物に差し出している（『県史』㈠）。土地売買証文のほか、相続のような家内的なことも文書でかわされるようになった。ずっと下って天保十二年（一八四一）

には、町屋村の喜四郎が、年貢を納めきれないので居家《きょか》を六両で太惣次なる人物に売却する手形を出している（『県史』㈠）。この手形の最後に「為後日依手形連印如件」とあるのは、後日の証拠として、証文を差し出し、他の人々もこの内容を保証するために連名で押印します、という意味である。文書が後日の証拠となることが、誰にも共通の認識となった。

慣行で行われていた入会や用水の取り決めも、開発が進み需要がより広範囲になると、利害関係のある村々の間で文書が交わされ保管されるようになった。金原川（現・東御市）の水利権をめぐる争いは、江戸時代の初めから続いていた。慶長十六年（一六一一）には、真田家家臣とみられる賀沢作左衛門の扱い（仲裁）で、取り決め★がされた。

これ以後、金原川の分水取り決めは、この書き物がもとになった。田畑が新たに開墾されたり、洪水などで流路や分水の場所が変わったりすると、そのつど前の文書をもとに論争が行われ、新たな取り決めの文書が交わされ、それが後日の証拠となった。

寺子屋の普及と女子教育

文書で交わす契約と権利保障が進行するとともに、文字学習の需要も増してき

▼取り決め

東上田と海善寺の百姓の間で田沢水（金原用水）についての出入り（争い）がおきたので、我々（賀沢作左衛門ら）の仲裁で、一日は東上田、二日は海善寺から長なわてまで（水を流すこと）に定めた。以来両村共にこの書き物をもって、双方水かけをするように、後日のためこのように定める。以上

慶長十六年亥の六月五日

賀沢作左衛門（花押）印

東上田衆　参

た。各地で、寺僧や医師・牢人などに手習いを求める動きが生まれた。庶民への文字教育は、寺子屋で行われた。上田小県地方では、小県郡西松本村の神官春原正次が、延宝年間（一六七三〜八一）に開いたという寺子屋が早期のものである。

十八世紀中頃から、寺子屋は次第に現れ始め、十九世紀前半になると、寺子屋数が急増し、幕末にはほとんどの村に寺子屋が存在した。農村部の寺子屋はたいてい農閑期に開かれ、師匠手書きの「いろは四十八文字」や「村名尽」「消息往来」（手紙の文例集）などを手本として、読み書きを中心に学習が行われた。「村名尽」などで地名を覚え、村外への見聞と関心を高め、「往来物」で手紙の書き方を習って遠隔地とのやりとりもできるようになった。

『長野県教育史』によれば、小県郡全体で四五九人の寺子屋師匠が数えられている。寺子屋は一つの寺子屋が規模を拡大するのではなく、小規模な寺子屋が各村に置かれる形で増加したので、このことが各村民の学識を高め、学制発布以後の小学校の設立へとつながった。

御所《ごしょ》村の田子栄三の松恵堂塾は、寛政二年（一七九〇）から明治六年（一八七三）まで三代にわたって続き、同村の医師田子玄誓の寺子屋も同時期に三代続いて、一村に二つの寺子屋が並立していた。栄三の松恵堂塾門人帳「読書臨池門人録」をみると、寛政二年から明治六年までの寺子（門人）が三一一人書き上げられている。門人たちは、御所村（三四人）のほか中之条村（一四三人）・諏訪形

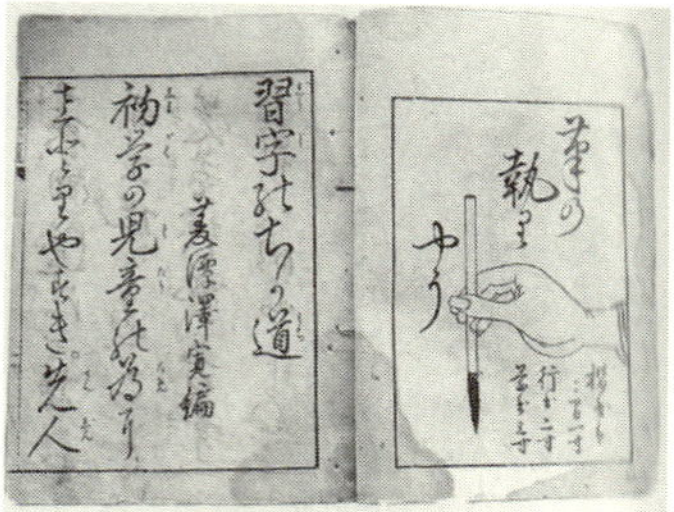
寺子屋手本
筆の持ち方が図解されている。
（『真田町誌』より／堀内家旧蔵）

田子栄三の筆塚
（上田市御所）

村（五二人）・上田原村（一八人）など一七カ村から通ってきていた。ほかに松本などの遠距離からの寺子も三人記されている。

田沢中村（現・小県郡青木村）の医師橋爪玄惟は寺子屋を開業し、享保期の一揆指導者平林新七の頌徳《しょうとく》碑文を撰文している。子の東朔も医師・寺子屋師匠で漢方系人体図を残している。村医者は村内で有数の知識人であったから、多く寺子屋師匠も兼ね、村人のさまざまな文字需要に応えていた。

寺子の多くは七、八歳から十三、四歳ぐらいまでのうちに学び、農村部では農閑期に開業し、都市部には通年開業の寺子屋もあった。『長野県教育史』によれば、農村部での女子寺子は、男子の六・八八パーセントに過ぎず、農村の女子には文字学習は期待されていなかった。

江戸時代後期になると、都市やその周辺部の寺子屋には、女子の学習者が少しずつ増えてくる。文化・文政期に寺子屋を開いた踏入村の出野家の「手習弟子名前帳」には、三〇人の手習い弟子が記され、四人の女弟子がおり、そのうちの一人は「大工庄作殿娘さや」とあり、大工の娘にも教育が広がっていたことがうかがえる。また、網掛村（現・埴科郡坂城町）の医師で寺子屋師匠高井善庵塾へは、安政二年（一八五五）三月十六日に柳町の紙屋佐兵衛娘小林おさだ（七歳）という娘が入門している。

都市部の塾では、水内《みのち》郡善光寺の随行坊《ずいぎょうぼう》の寺子が男子一三〇人、女子一一九

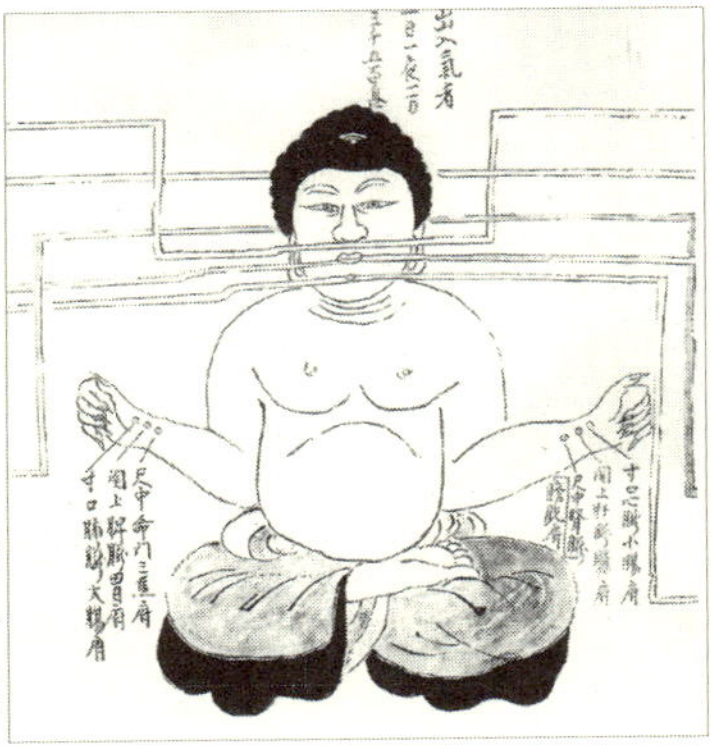

漢方系人体図
（橋詰洋司氏の研究による／橋爪延幸氏蔵）

人だったように、女子の寺子数が男子に匹敵する寺子屋もあった。

尾張出身の儒学者である大原幽学が上田に来遊し、原町の小野沢家に寄宿し、原町の商人らに聖学（儒学の一種）を教授しはじめたのが、天保元年（一八三〇）のことだった。天保二年五月の「大原先生門人至聖会連名記」をみると、上田の会は「至聖会」と称しており、その門人は九六人もおり、内訳は男五三人・女四三人で、女性門人の割合が四五パーセントとかなり多い。この学習会の準備やとりまとめをする世話人も男子のほか、婦人世話人として、おいく・おミツ・おやす・おりを・おなを・おミへの六人が決められており、天保二年の五月頃、上田原町商人たちは月三回、男女の別なく大原幽学を先生として聖学を熱心に学んでいた。

一般に年少女子の労働の役割が農村部とは異なっていたこと、商家に嫁ぐ女性にとって商家経営のための読・書・算の学力と、より高い教養などが必要とされたからと考えられている。そうした変化が、幕末になり、都市に近い御所村の松恵堂塾でも女子の学習者の増加となって表れたといえる。

② 庶民文芸の高まり

庶民教育の高まりは、庶民文芸である俳諧の広がりを生み、出版や諸学問の発達につながった。
上田藩士加舎白雄は、天明調俳人として全国的に著名となり、成沢雲帯ら多くの門人を育てた。
心学や国学、和算、医学などが発達し、学問の庶民化が進んだ。

天明調俳人加舎白雄

人恋し火とぼしころをさくら散る

上田藩士で俳人加舎白雄《かやしらお》の代表作の一つで、近代的感覚による自然描写に優れた句である。上田城跡公園二の丸入り口に碑が平成二年（一九九〇）に建てられた。

天明年間に、京都の与謝蕪村、名古屋の加藤暁台《きょうたい》、京都の高桑蘭更《らんこう》、江戸詰め上田藩士加舎白雄、信濃出身江戸の大島蓼太《りょうた》の五人の優れた俳諧師が出現し、芭蕉風（蕉風）俳諧の復興と清新な天明調俳諧を発表した。

加舎白雄は元文三年（一七三八）、上田藩士加舎吉亨の二男として、江戸深川で生まれた。幼少期に生母、継母とも相次いで失った。青年期に江戸の俳人松露庵烏明《うめい》に師事し、さらに烏明の師白井鳥酔《ちょうすい》の影響をうけ、蕉風俳諧の復興を目指

加舎白雄句碑
（上田城跡公園二の丸入口）

加舎白雄像
（『はなの』より／上田市立図書館蔵）

した。

明和四年（一七六七）に、初めて上田を来訪。以後、江戸と東信濃の往来により多くの門人を集めた。また、姨捨《おばすて》山長楽寺や別所北向観音《きたむきかんのん》境内に、芭蕉句碑を建立している。

安永九年（一七八〇）に江戸に春秋庵を設立し、関東・中部地方に三、四〇〇〇人ともいわれる多くの門人を得て一大勢力を築いた。有力門人には原町呉服屋の成沢雲帯《うんたい》（通称金兵衛、七郎左衛門）、柳町酒造家の岡崎如毛《じょもう》（通称平助）、常田村鋳物師小島麦二《ばくに》（通称久兵衛）、海野町太物商の斎藤雨石《うせき》（通称曾右衛門）らがいる。寛政三年（一七九一）に五十四歳の生涯を終えた。麦二は、文化二年（一八〇五）に上田国分寺境内に芭蕉句碑「はるの夜はさくらにあけてしまひけり」を建立し、門人は白雄の俳諧作法書『俳諧寂栞《はいかいさびしおり》』を文化九年に刊行し、白雄を追善した。

文人のネットワーク

成沢雲帯は、岡崎如毛とともに白雄門人として全国的に著名で、この雲帯宛の各地俳人らからの書簡が、総計八七七通も残されている。

雲帯宛来簡の地域的分布は、信濃九一、江戸四二、京都二二、尾張二一、越後・

北向観音境内芭蕉句碑
「芭蕉翁　観音のいらかみやりつ花の雲」とあり、安永三年（一七七四）建立。
（上田市別所温泉常楽寺）

伊勢一九、上毛一八などで、信濃以外に江戸や上毛が多いのは、上田地方では北国街道などを通じて、経済や文化交流が活発に行われていたことを示す。

遠距離の友への文通は著名な俳諧師や書肆（書店）が、それぞれの地域への独自の文通網や連絡網をもっていた。例えば雲帯から九州小倉の俳人への書簡は、松本の近江屋五郎兵衛へ出すと、本店の近五郎（近江屋五郎兵衛の略か）から同系の近江屋慎作、小倉の伊賀屋久兵衛へと届くようになっていた。このように、俳諧ネットワークは当時の商業ルートとも結びついて広がっていた。

経済活動と俳諧との結びつきは、上塩尻村の蚕種業者塚田与右衛門の場合に典型的にみることができる。与右衛門は、わが国で早い時期の養蚕技術書『新撰養蚕秘書』（宝暦七年／一八五七）を刊行し、俳号を麦々舎杜雪《とせつ》という俳人でもあった。上塩尻村の俳諧結社である巌端《いわはな》社中が寛政十二年（一八〇〇）に俳書『巌端《いははな》集』を刊行したのをみると、ここに出句している信濃国外の俳人のほとんどが、与右衛門の蚕種業者としての宿泊先や買い付け業者仲間だった。蚕種という商品を通しての経済的技術交流と、俳諧という文化的交流があいまって広がって庶民文化を高めていったことがわかる。

『信上当時諸家人名録』という文政十年（一八二七）に出版された信（信濃）と上（上野＝群馬県）の文人名録がある。「画・碁・茶　玄斎　名成祥　同（信）上田　沓掛清次郎」、「俳諧　露丸　如毛の男　同（信）上田　岡崎文作」という

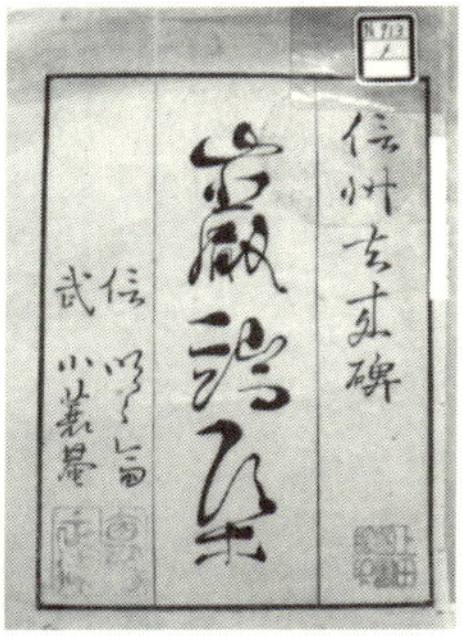

『巌端集』
（上田市立図書館蔵）

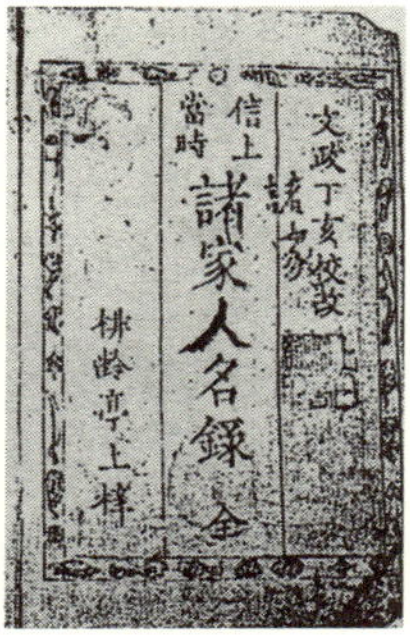

『信上当時諸家人名録』
（上田市立博物館蔵）

ように諸芸、号、出身地　名前を記載してあり、全部で三六五人の文人が書かれ、信州人は二五九人が記載されている。上田地方では四五人の名前があり、諸芸を延べ数で調べると俳諧が二一人、狂歌九、書八、画七、挿花五、和歌四、茶二、詩文一、碁一、乱舞一、清水流規矩術一と続き、文政期の庶民文芸の中心が俳諧であり、次に狂歌を嗜む者が多かったことがわかる。

心学や国学のひろがり

十八世紀の中頃、京都で石田梅岩が始めた心学★は、身分制社会に窮屈な思いをしていた庶民に広く普及した。心学を信州に広めた中心人物は、更級郡下戸倉村柏尾（現・千曲市）出身の中村習輔で、糸商いで京都に出かけているうちに心学を学び、自宅に恭安舎という心学講舎を開き、専門的に教化活動を開始した。

現存する「恭安舎社友記弐番帳」には、安永六年（一七七七）から文化二年（一八〇五）に至る二十九年間の延べ四三八三人にものぼる社友が記されている。その中に女性は八九一人もいた。糸商人である習輔は、商人の勤倹と営利活動を認めたので、共鳴した街道筋の商人らを中心に、埴科郡や更級郡、上田宿、近隣の農村に、女性を含めた入門者が増加したのである。

名簿の二番目に上田柳町の児玉祐吉が記載されている。中村習輔とともに京都

▼心学
儒学を軸に神道・老荘・仏教などの教えを取り入れて、知足安分、正直、勤倹など、庶民の日常心がけるべき道徳を平易な比喩で説き、武士・商人層・農民・職人層との人間的平等性を説いた。

へ出かけていた糸商人とみられる。天明三年（一七八三）には、中島村の足立善治郎が入門し、続々と入門者が増加した。天明七年に、海野町の斎藤曾右衛門（俳号雨石）、同じ斎藤一族の留吉妻みを、同喜左衛門妻てう、同佐五兵衛妻きり、同曾右衛門妻やをの五人が同時に入門している。上田町では海野町の斎藤家が中心になって広めていた。

その後の指導者により、心学が藩や代官らの教諭書など、武士の庶民教化策として採用されることにより、封建秩序を押しつけるものとなり、庶民に飽きられて衰退したが、心学が、庶民の文化受容・修学の素地を高めたことは意義深い。

国学★は、古典研究により日本古来の精神をさぐる学問である。国学の信濃門人は荷田春満門二人、賀茂真淵門なし、本居宣長門一一人、平田篤胤没後門六三九人、ほかに内山真龍門一三人、田中大秀門一〇人、本居大平門一一人、香川景樹の桂園門二三人、権田直助の名越舎《なごしのや》門八人が知られる。

信濃の篤胤没後門人は、伊那郡が三八七人と圧倒的に多く、筑摩郡八一人、佐久郡七一人、諏訪郡三六人、小県郡二五人、埴科郡一六人などと信濃国の南部に多く、伊那谷の庄屋層を中心に神職や武士が増加した。

上田小県地方の篤胤没後門人の主要人物となった丸山徳五郎久成は、幕末に、義兄斎藤謙輔★、小山忠太郎★らとともに、尊王思想をもった浪士の赤報隊に入隊し、戊辰戦争の時の官軍先駆け隊として、年貢半減を唱えて信濃に入ったが、新政府

海野町斎藤曾右衛門家（『諸国道中商人鑑』）

▼国学
京都の荷田春満（かだのあずままろ）、遠江の賀茂真淵らが研究をすすめ、伊勢松坂の本居宣長が『古事記伝』などで大成した。宣長のあと、秋田出身の平田篤胤（ひらたあつたね）の唱える復古神道が広がり、篤胤没後の幕末・維新期に、尊王攘夷運動と結びついて門人が急増した。これを〝篤胤没後門人〟という。

▼斎藤謙輔
変名科野東一郎、海野町上野屋十二代斎藤曾右衛門延世、号養斎。

▼小山忠太郎
原町呉服商成沢寛経の大番頭。

の方針転換のため、ニセ官軍とされ、慶応四年二月に和田峠で上田藩に捕らえられた。赤報隊の指導者相楽総三らが下諏訪で処刑された後、明治になって、原町の商家伊藤家の養子となり、伊藤久右衛門として上田町副戸長として町の諸事業を推進した。一方で、赤報隊の名誉回復に努め、明治三年（一八七〇）には総三らの慰霊碑魁《さきがけ》塚を処刑された地、下諏訪に率先して建立している。

　古典の研究は、本草学や博物学の発達とあいまって、古代からの遺物・奇石（珍しい石）への関心をも生んだ。近江国の木内石亭が、安永元年（一七七二）に、奇石を集めて楽しむ弄石社《ろうせきしゃ》という全国的な結社をつくった。信濃での弄石の友に、小県郡岡村の柳屋平右衛門や、上田原町呉服問屋の成沢雲帯、木曾福島の青木善右衛門（俳号恵美亭望尾）の三人がいた。

　成沢雲帯の孫の成沢寛経《ひろつね》は、応永七年（一四〇〇）の信濃国守護と国人（地侍）の争いを記した歴史物語『大塔物語』を出版し、石斧《せきふ》などの神代石や伊奈郡南条村（現・飯田市）雲彩寺古墳出土の八稜鏡など、祖父の雲帯の頃から集めた古器物の絵図『尚古図譜《しょうこずふ》』を著した。

　尚古趣味はさまざまな階層に多様に興味をもたれ、やがて、明治時代の考古学へと展開していく。

丸山久成らが建てた魁塚
（諏訪郡下諏訪町）

上田藩医と蘭方医

享保十三年（一七二八）の「御家中列分限帳」（『上田小県誌』）には、高二百石の吉岡長性以下一六人の医師が書き上げられている。文化十年（一八一三）の分限帳から医師をみると、奥医師が丸山了泉以下四人、表医師が香山寿仙以下一四人いる。奥医師は大名やその家族ら奥向きの者の診療を担当する医師のことで、表医師はいわゆる藩医で藩士らの治療にあたった。

享保十三年の吉岡長性が二百石というのは、首席家老六百石以下家老（四人）、中老（四人）、御用人（五人）に次ぐ上級武士の扱いだったが、文化十年の藩医香山寿仙は八十石で中級武士の扱いになっていた。さらに、江戸時代後期になると、藩財政の困窮により、多くの藩医は十石三人扶持から六石三人扶持ぐらいになり、下級武士レベルになった。そのため、藩医は、一般の人々の診察治療にも応じて、生活費を稼いでいた。腕のよい医者はかなり裕福だったようである。

藩医の住宅は、次第に馬場町へ集まった。維新直前には、勝俣・金子・布施・林（二家）・天野（二家）・香山・松宮・高橋の一〇軒があり、急な腹痛でも馬場町へ行けば間に合う、といわれるほどになっていた。

杉田玄白らが安永三年（一七七四）に西洋医学の解剖書の翻訳書である『解体

新書』を刊行してから、西洋医学を学ぶ蘭方医★が現れてきた。上田藩では、文化二年（一八〇五）に藩医丸山了泉が、江戸で稲村三伯★という蘭方医・蘭語学者に入門したのが、史料でわかる最初の蘭学修行例である。

文政六年（一八二三）にオランダ商館医シーボルトが長崎にやってきて、鳴滝塾で門人を指導してから、さらに蘭学は全国に広がった。

上田でも、シーボルト門人で幕府の眼科医土生玄碩《はぶげんせき》とその子玄昌に、南方玄祐（入門年次不詳）、上田藩医香山玄石（天保十二年入門、二十一歳）、上田藩医林亮斎（安政六年入門、十八歳）、上田藩医金子宗元（万延元年入門）、田町医師田中求三（元治元年）、上田藩医天野立泉（入門年次不詳）、鎌原町八木覚三（入門年次不詳）の七人が入門している。同じくシーボルト門人で江戸で開業していた蘭方医伊東玄朴には、香山文石（入門年次不詳）、香山杏林（嘉永四年）、丸山良順（明治二年）の三人が入門している。京都へも上田藩医金子大純が出かけて、蘭方医小石元瑞に入門している。彼らを通じて、上田小県地方にも蘭方医学が入ってきた。

また、臼田村から移り住んだ勝俣道郁は、明和七年（一七七〇）に上田藩へ十人扶持で召し抱えられ、道郁の養子道周、その養子静庵と代々上田藩医として活躍し、とくに静庵は西洋医学を学び、幕末には上田藩の蘭方医の代表にもなった。大正十三年（一九二四）に上田市長になった勝俣英吉郎も同家出身であった。

▼蘭方医
西洋医学はオランダ（和蘭・阿蘭陀）を通じて我が国に入ってきたので、西洋の医学を学ぶ医師を蘭方医と呼んでいる。

▼稲村三伯
杉田玄白門人の大槻玄沢門人で、日本で最初にオランダ語の日本語辞書『ハルマ和解』を編纂した人物である。

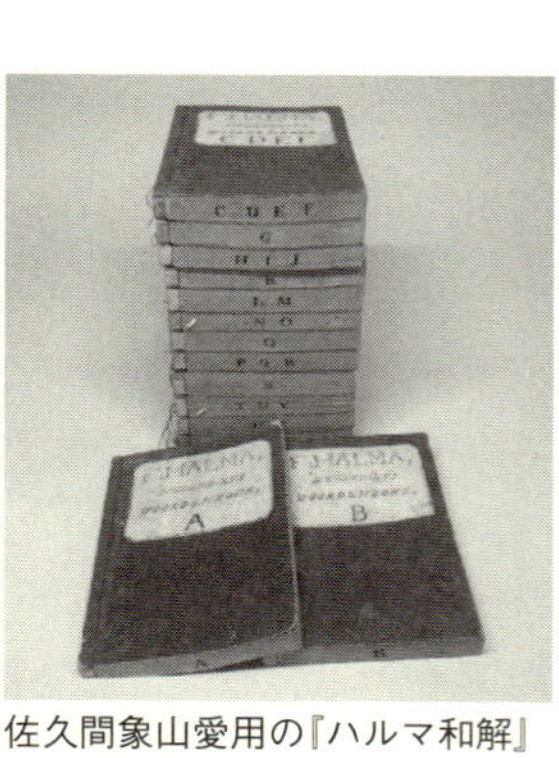

佐久間象山愛用の『ハルマ和解』
（上田市立博物館寄託）

医学所設置、種痘の導入

文化十年（一八一三）に五代上田藩主松平忠学《たださと》によって藩校明倫堂が創設され、文久二年（一八六二）には、兵学所・数学測量所・医学所を開設して、漢方医学のほかに蘭方医学（西洋医学）も学べるようにした。

文久二年の医学所開講日には、金井玄亭という藩医が『傷寒論★太陽編』を講義している。開講にあたり、医学所で『蘭書字引』などを購入したほか、藩医一四人と領内医師四〇人などが医学書を献上して、医学所の教科書とした。

藩医の布施祐碩が『本草綱目』一部、勝俣東安が『遠西医方名物考』一部、金子宗元が『大同類聚方』一部を献上している。『本草綱目』は中国の李自珍が万暦二十三年（一五九六）に出版した中国で最も充実した本草学書で、日本の漢方医学における薬草・薬種の基本書で、『遠西医方名物考』は宇田川玄真・榕庵により訳述・校補された蘭方医学における薬草・薬物の基本書である。『大同類聚方』は平安初期の大同三年（八〇八）に編纂された我が国独自の薬方書で、これら三書により和漢洋の薬草・薬物の基本が把握できる。

領内各組医師からも『金《きん》匱《き》術《じゅつ》義《ぎ》』二巻、『傷寒論術義』二巻など、漢方医学書が寄贈された。多くが漢方医学書であったが、原町の呉服商成沢七郎右衛門寛経

▼傷寒論
中国古代の後漢の張仲景が著した医学書。急性熱病の治療書。

は『和蘭薬鏡』一八巻・『(遠西医方) 名物考』三六巻・『(遠西医方) 名物考補遺』九巻の蘭方医学書を寄贈している。町の商家の主人にも蘭方医学の必要性が知られ始めており、高価だったろう西洋医学の翻訳書を寄付している。また献上目録から、幕末の上田領内には四〇人もの医師が存在していたこともわかる。

毎月三日に医書会読★、十三日講義、二十三日会読が行われた。西洋医学についての会読日は、毎月七の日に別に定めた。医学所では漢方医学と蘭方医学合同の医学研修が行われ、しかも藩医だけでなく町医までも会読に参加できたところに、上田の医学所の特色がある。医学所の条目は四カ条からなり、その第一条には、「医術は、人間の生命に関係し、容易ならざる大切の技術だから、広く和漢西洋の古今の良医の正しい書により、その文の意味などを精密に研究した上で、実地にのぞんで、過失のないように心がけることが大事である」と、医術が人の命に関する重要な技術であることが認識されていた。

嘉永五年（一八五二）に上田藩で疱瘡（天然痘）が流行し、上田藩医林修庵（霞峰）は、『牛痘摘話』という啓蒙書を著し、種痘★の普及に努めた。『牛痘摘話』は、各村役人へ「牛痘植疱瘡御諭書」として伝えられ、種痘の実施を訴えた。

こうした努力のかいあって、翌嘉永六年から上田藩は種痘を実施し始めた。この時、上田町では原町二六人、木町四人、柳町三人、田町六人、紺屋町七人、合計四六人の種痘接種希望者名が、問屋より届けられた。文久四年三月には、上田

▼会読
何人かが集まって読みあわせること。

▼種痘
イギリスのジェンナーが発明した牛痘を人体に種(う)えつける天然痘予防法。

藩は、植疱瘡（種痘）が安全で必要であること、海野町村田屋伝十郎方と原町井筒屋宗兵衛方に隔番に医師が出張して種痘をすること、町役人は種痘の良法であることを説ききかせること、小児の名前を書き出すこと、八日目に善感したかどうかみきわめること、藩の世話による種痘なので薬種料はいらないことなどを通達している。

上田藩では明治元年（一八六八）と同二年にも種痘普及の触れを出している。明治二年の触れには、嘉永年間から種痘を施してきたこと、種痘所は産物会所におくこと、近在の村々はこの産物会所に出ること、遠くの村は医師が出張すること、薬礼等の心配は無用のことなどを触れている。

明治四年正月に、上田藩は蘭方医金子宗元を東京種痘館に入門させ、種痘術を学ばせている。同四年四月に開設した医学寮で日割りを決めて種痘を実施することとした。種痘を通じて、蘭方医学が漢方医に浸透し、新時代への適応が進んでいった。

天然痘そのものは、明治九年四月の内務省甲第八号布達により、種痘医規則、天然痘予防規則が制定され、組織的な対策が実施されるようになり、天然痘患者も一次的な流行を除いてようやく減少していった。

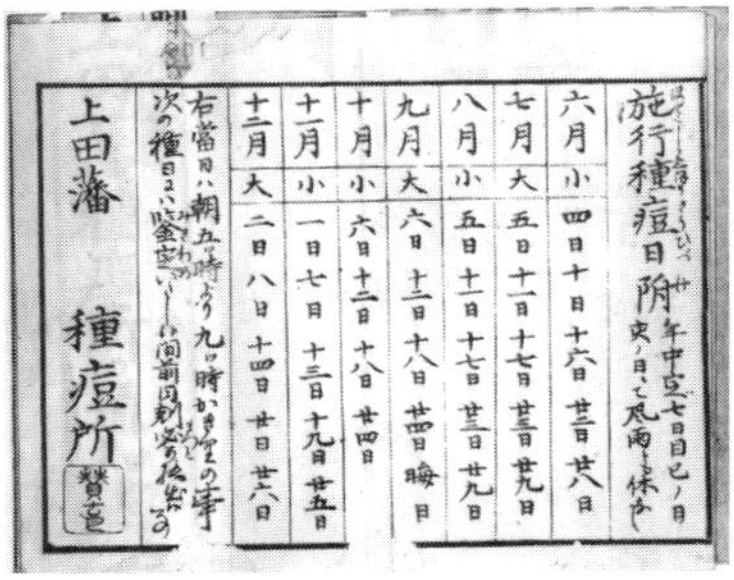
施行種痘日附

六月	小	四日	十日	十六日	廿二日	廿八日
七月	大	五日	十一日	十七日	廿三日	廿九日
八月	小	五日	十一日	十七日	廿三日	廿九日
九月	大	六日	十二日	十八日	廿四日	晦日
十月	小	六日	十二日	十八日	廿四日	
十一月	小	一日	七日	十三日	十九日	廿五日
十二月	大	二日	八日	十四日	廿日	廿六日

上田藩 種痘所

上田藩種痘施行日
明治４年（1871）に上田藩種痘所が出したもの。
（順天堂大学蔵）

和算家竹内善吾と算額

江戸時代に発達した数学を和算という。年貢勘定や、検地などの土地調査や測量技術は、藩の勘定方の役人にとっても村役人にとっても必要な能力だった。上田小県地方を代表する和算家が、山田村の農民出身の竹内善吾武信★だった。

文化八年（一八一一）に上田藩勘定所詰めの七石三人扶持の役人として取り立てられた。和算という学問を身につけることで、身分を百姓から武士に上昇させることができたのである。文化九年に領内絵図の作成を担当し、三年ほど経て塩尻・国分寺両組の「六分の一町縮図」を完成した。この時に町方も測量し、「原町屋敷図」なども作成した。善吾は、天保の飢饉の時には越後への米の買い付けをしたり、藩の借金の猶予を頼みに出かけたり、武石村の検地を実施したり、藩勘定方役人として民政を担当した。

小諸の門人小林忠良が書いた和算書『算法瑚璉《さんぽうこれん》』（天保七年／一八三六）がある。善吾は、その序文で、和算は経世治国の用を為すものである、忠良が神社仏閣に掲げる算額は、直接、経世の用に益するものではないが、それは非難にはあたらない。人にはそれぞれ任務があり、経世の用にあたるのは役人がやればよく、民間人である忠良は、数学や暦の世界を開拓し、これを公開してもよいと述べてい

▼竹内善吾
天明二年（一七八二）～嘉永六年（一八五三）。和算家。山田村農民出身、幼名熊蔵。江戸で関流和算を学び、上田藩となった。天保十二年（一八四一）に『当時名人算者鑑』で東の大関となった。嘉永六年に七十一歳で没。

竹内善吾の墓（上田市呈蓮寺）

る。
竹内善吾の和算関係の著書には『十字環正解』（天保四年／一八三三）、『升高算梯』（天保九年／一八三八）、『二三乗法算顆術』などがある。中でも、善吾の特筆すべき数学的創案は『二三乗法算顆術』で、立方または二乗方（三次方程式）と、三乗方（四次方程式）を、算顆術（十露盤《そろばん》術）で解く方法を編み出したことである。善吾の門人は、上田藩士植村半兵衛重遠、同栗山庄兵衛、小諸の小林忠良が著名で、それぞれ和算書を残している。

和算家たちは、難問が解けたりできた時に著名な寺社にその問題を書いた額を奉納して、他の和算家たちに解法を明らかにしたり出題したりして、自己の力量を示した。この和算の問題を書いた額を「算額」という。

算額は著名な神社仏閣に掲げればそれだけ注目をあびるので、別所の北向観音堂には、多くの算額が掲げられた。現在、常楽寺に保管されているのは、関流和算家で山田村の斎藤善兵衛が文政十一年（一八二八）に奉額した算額で、この算額には、幼時から算書を多く読み、やがて上毛板鼻（現・群馬県板鼻町）の小野栄重先生（関流和算家藤田貞資門人）について数年、疑問を解いて自問自答の問題を掲げた、この算額を奉納した理由は、観音の妙智力を仰ぐためと、師恩の深さに感謝するため、と述べている。問題はかなり難しいが、現代解法★を掲げておく（次ページ下段）。

斎藤善兵衛が奉納した上田北向観音の算額
（上田市別所温泉常楽寺蔵）

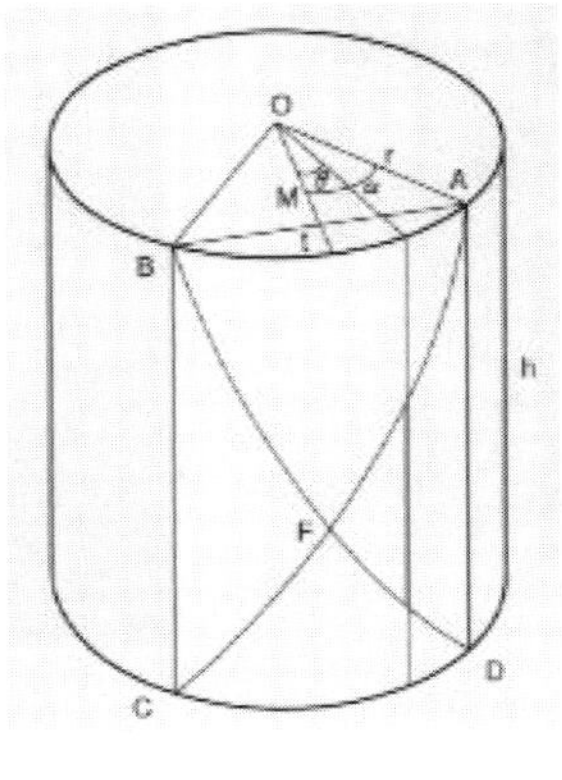

上田の算額の現代解答
（『江戸時代の科学技術と信州・上田』より）

このほか、祢津大日如来堂（現・東御市）には加沢村（現・東御市）の農民で竹内武信門人上原平左衛門道英が嘉永六年（一八五三）に奉納した算額がある。駒形神社（現・長門町）には立岩（現・長門町）の仲沢新八と同所の新八門人芹沢新作の連名の算額が奉納されている。また祢津村（現・東御市）には宮下重政という有力和算家がいて、重政は『万集算法記』などの算書のほか、暦術に関心があり暦を作っていた。

▼現代解法

前ページ左下図の問題と解答。

問題：円柱をかまぼこ状に切り、孤柱をつくる。その矢（図A-B）の長さ（r）を1寸、円の直径（2r）を10寸、高さ（h）9寸の時、蝶形の面積を答えよ。

解法：OAとOMのなす角度をα、弧ABの上の点PとOを結ぶ半径rとOMのなす角度をθとする。面積は次の積方によって

$$S = 2\int_{o}^{\alpha} h\left(\frac{\sin\theta}{\sin\alpha}\right) rd\theta = 2rh\left(\frac{1-\cos\alpha}{\sin\alpha}\right)$$

$$= \frac{2rh}{\sqrt{2r/t-1}}$$

＝30歩

③ 庶民の成長と諸芸術

上田藩では狩野派絵師を抱え、諸画のほか地図などを描かせた。
文人との交流から、町や村に住む庶民からも優れた芸術家が生まれた。
庶民の家に床の間がつくられるようになると、生け花などの座敷芸が普及した。

狩野派絵師と文人画家

江戸時代の画家を絵師という。幕府が狩野派絵師を抱えていたので、多くの大名家でも狩野派絵師を抱えた。十八世紀中頃に上田藩松平家に召し抱えられた絵師に狩野永翁勝信がいる。祖父の那須（奈須とも）英勝の時に、出石《いずし》藩松平家の絵師となり、藩主とともに出石から上田へ移り、一五人扶持で抱えられている。英勝の子が那須（奈須）永丹で、享保十四年（一七二九）の分限帳（家臣団名簿）には一〇人扶持で抱えられていた。

永丹の子が永翁勝信で、奈須姓のまま二十三歳で上田藩絵師となり、二十六歳の時に家督を相続している。天明飢饉の悪霊祓いのため、天明四年（一七八四）に藩主松平忠済は永翁勝信に「飛龍図」を描かせた。

狩野永翁画「飛龍図」
落款《らっかん》に「狩野永翁勝信」とあるので、この時までに幕府の狩野派に学び、狩野姓を名乗ることを許されたとみることができる。（紺屋町八幡神社蔵）

天明八年に、上田城の石垣が二カ所ふくらんで、崩れる危険が出てきたので、修復計画絵図を添えて、幕府に修復許可を願い出た。この絵図を仕立てたのが狩野永翁勝信で、その才能は絵画作品を残すだけでなく、上田城の絵図面作成などにも発揮された。彼の作品は、「大黒天」「四季立花図」「四季農耕図屏風」などが知られている。

上田藩士服部元戴《げんたい》も、十八歳頃に、京都画壇の中心であった写実的な四条派の岡本豊彦《おかもととよひこ》について修業し、天保八年（一八三七）に、中国画家の絵を模写した「楼閣山水図」を残している。精密な筆致の細密画が得意だった。四十一歳の時、兄の死により上田藩に十石三人扶持の俸禄で召し抱えられ、京都や大坂で上田藩の財政担当者として忙しい日々を送ったため、絵を描く余裕はなかった。慶応四年（一八六八）に、六十八歳になって隠居したあと、雅号の元戴を実名として、きままに描く生活を送った。作品に「共楽殿」や「二十四考」などがある。

渡辺崋山の友人で、椿椿山《ちんざん》という南画家が江戸で活躍していた。その門人帳「琢華堂《たっかどう》門籍人名」（愛知県渥美郡田原町崋山会館蔵）をみると、全門人三七三人のうち、三人の上田関係者がいる。天保十年十一月七日入門の、上田藩医丸山了泉方に同居している上田藩医林修庵（号霞峰）、嘉永三年（一八五〇）八月に入門した霞峰の子上田藩医林修庵、嘉永四年に入門した小県郡大神宮社人伊勢山村竹内貢（号双鷲）である。

服部元戴画「共楽殿」
（上田市立博物館蔵）

林修庵（霞峰）は天保十年に江戸へ医学修業に出て、江戸詰め上田藩医らをはじめ、松代藩蘭学者佐久間象山や松代藩医渋谷松軒、幕府医官多紀元堅《もとかた》、漢学者梁川星巌らと交わった。その記録『江戸家乗』によれば、華岡青洲やシーボルトの門人で江戸で開業していた蘭方医本間玄調（棗軒）に入門し、玄調の外科手術を見学した。そして画家椿椿山に入門したのだった。霞峰は医学書、西洋内科書、そして外科道具も購入し、種痘書を筆写して、上田に戻っている。

霞峰は医業のかたわら画業も嗜み、嘉永六年には、日光の華厳の滝や寂光七滝の写生に出かけ、スケッチ帳を残している。松代藩の蘭学者佐久間象山との交友も深く、安政三年（一八五六）に四十二歳で没したが、上田市大輪寺にある墓碑銘「霞峰林子之墓」を書いたのは、象山といわれる。

町や村の絵師

庶民生活の向上により、農民や町人からも優れた絵師が現れた。狩野永琳である。永琳は明和四年（一七六七）に、西前山村の農民保科弥惣右衛門の二男として生まれ、幼少より絵が上手であったため、上京して幕府御用絵師狩野派に入門した。永琳が師事したのは、当時、上田藩絵師狩野永翁が師事していた狩野高信の可能性が高い。永琳は、文化五年（一八〇八）、四十二歳で京都で亡くなった。

林霞峰画「寂光七滝」（上田市立博物館蔵）

師の代理で京都御所で龍の絵を制作中に、その画才をねたまれ毒殺されたと伝えられるが、真偽のほどはさだかではない。永琳は「紙本花鳥人物屛風」を、永琳の菩提寺である龍光院（現・上田市前山）に残しているこの屛風は六曲一双である。また、『信上当時諸家人名録』によれば田口芳太郎なる人物が田口芳斎という画号を有していたという。

横町町人木村永一も木村喬輔という上田藩絵師となった。

絵を楽しむ庶民はほかにも多数いた。現在、出光美術館に池大雅《いけのたいが》の「十二月離合山水図」（六曲屛風／国指定重要文化財）がある。この絵を大雅に依頼したのが、海野町の商人斎藤曾右衛門《そえもん》延貞であった。俳号雨石《うせき》、茶人の号百壺斎の文化人で、斎藤家の諸道具帳にある書画類をみると、「十二月離合山水図」のほか、狩野元信の「布袋画」、千利休の文、藩主松平氏よりの拝領掛物狩野周信筆「葵・太陽」「月下水菊」二幅、雪舟筆「達磨」など、じつに多くの著名人の書画を有し、自分も絵を嗜んでいた。

寛政九年（一七九七）に常田の商家に生まれた合葉直一は、織物のデザイン的なことを仕事とし、結婚もしたが、画業への思いを捨てがたく、江戸へ出て谷文《ぶん》晁《ちょう》に学び、文山という雅号を得て、その後、九州豊後《ぶんご》岡藩（現・大分県）の田能村竹田《ちくでん》に学んだ。諸国を遍歴中に蝶蛾の標本採集をしながら金毘羅宮（現・香川県）を訪れた時、ここで蝶の群舞をみて、定住を決意した。蝶をこよなく愛し

狩野永琳画「紙本花鳥人物屛風」（部分）
屛風に、それぞれ四季の花鳥図八枚と四人の人物図計一二枚の絵が描かれている。この人物図は七賢人でなく、中国の宋・元画にならった漢画で、狩野派絵師がよく描いた賢聖障子《けんじょうのそうじ》の図柄である。
（上田市指定文化財／龍光院蔵）

合葉文山画「蝶譜」
（合葉由紀氏蔵）

た文山は、安政四年（一八五七）に六十一歳で金毘羅で亡くなるまでに採集した蝶は、ゆうに一〇〇〇匹をこえ、その四分の一ほどが尽誠学園高校（香川県）に現存、日本最古の蝶蛾標本として残されている。

諸芸のたしなみ

書では、享保頃に祢津村（現・東御市）に川井殷成が出た。

江戸の書家で漢学者亀田鵬斎が、文化六年、江戸から信濃や越後歴訪の旅に出た。佐久から上田、善光寺、中野の豪農山田家に遊び、越後の良寛のもとを訪ねた。その帰路の文化八年、鍛冶町の田口家や本陣柳沢家、さらに真田町の実相院を訪ねた。同寺僧寛融が江戸寛永寺時代からの知友だった。鵬斎は「峻嶺軒」という額を残し、そこには「皇和文化八年歳次　峻嶺軒　辛未秋下浣之日書　江戸鵬斎老人長興」と署名されている。

庶民の住居に床の間や座敷などが造られるようになると、挿花（生け花）や茶道などのほか、囲碁などの座敷芸もはやるようになった。『信上当時諸家人名録』には、挿花を楽しむ滝沢忠二郎（一蝶、号寿臉斎）、春原勝太郎（一桂、号寿秀斎）、向源寺（椿秋、号破闇）、池田新兵衛（蹄秋、名一鏡、号寿照斎）の四人の名前が挙がり、さらに大熊儀八（号楽丸、月花庵）が狂歌と茶道、沓掛清次

亀田鵬斎筆「道祖神」（山口自治会）

郎（号玄斎）が画・碁・茶道、林定右衛門（号虎山人）が書、安藤志保子（号紫清斎）が和歌・俳諧・墨画にたけていることが記載されている。っている。

信州の囲碁界は、松代（現・長野市）の関山仙太夫、塩尻（現・塩尻市）の白木助右衛門を双璧として、天保期（一八三〇〜四四）に全盛期を迎えた。嘉永三年（一八五〇）の「信州一カ国囲碁手合競」には、初段に鎌原村庄屋田中良左衛門、無段に上塩尻の蚕種業者塚田国平が見られる。

養蚕や蚕種など、地場産業の発達は、富を蓄えた富商や富農を生み、彼らの生活向上とそれに伴う庶民生活をも向上させ、さまざまな娯楽や諸芸にかかわる庶民を生み出した。

これも上田

お国自慢 これぞ上田の酒

上田自慢の酒をちょっとだけ紹介

山水で鍛えられし一本。

亀齢　上撰

女性杜氏が伝統の味を守る蔵。

上田城真田三代　本醸造

岡崎酒造株式会社
TEL0268-22-0149

月吉野　大吟醸

フルーティでなめらかな味わい。

若林酒造株式会社
TEL0268-38-2526

観音経の「福が限りなく」が名の由来。

福無量　純米酒

福無量　吟醸酒

沓掛酒造株式会社
TEL0268-22-1903

和田龍

柔らかで飲み飽きしない定番の味。

和田龍　本醸造　真田太平記

和田龍酒造株式会社
TEL0268-22-0461

真田家家紋が酒名。慶応三年創業。

六文銭　本醸造

六文銭　純米大吟醸

山三酒造株式会社
TEL0268-42-2260

明峰喜久盛　純米酒

自家培養酵母と高い精白度が特徴。

黒耀　特別純米酒

信州銘醸株式会社
TEL0268-35-0046

これも上田

上田の姉妹都市

【国内】

鎌倉市　鎌倉時代後期、塩田地区に、鎌倉幕府の連署を務め執権北条時宗を補佐した北条義政が、館を築き隠遁した。以後塩田北条氏が三代にわたりこの地を支配し、仏教文化が栄え、鎌倉街道が両地の交流を結んだことによる。昭和五十四年（一九七九）に旧上田市が提携した。

豊岡市　宝永三年（一七〇六）に、但馬国出石を支配していた松平忠周と、上田を支配していた仙石政明が国替えになり、仙石氏が出石に転封した縁で、昭和五十四年に出石町と姉妹都市を提携した。出石町が豊岡市となった現在も交流が続いている。出石そばは、仙石氏が信州からそば職人を連れていったところから発祥したといわれる。現在、上田市施設塩田の館北条庵で「里帰りソバ」として提供されている。

九度山町　関ヶ原戦後、西軍についた真田昌幸・信繁（幸村）が、九度山に蟄居させられたことから、旧真田町が昭和五十二年に姉妹町を提携したことにより、現在は上田市との提携となった。真田父子の屋敷跡は善名称院真田庵として、毎年五月の九度山町での真田まつりのゴールとなっている。

上越市　上田市民らは家族であるいは修学旅行でよく上越市へ海水浴に出かける。その縁で昭和五十四年に姉妹都市を結んだ。真田氏は戦国時代に、上杉氏の配下にもなったことがあり、上杉景勝の家臣直江兼続と真田信繁は知友であった。NHKドラマ「天地人」の放送を記念し、両市の交流をより深めるために、平成十七年（二〇〇五）に、上越市高田公園内に真田桜が植樹された。

【上田城友好城郭提携】

上田市は上田城と関係の深い各地の城郭と交流をさらに深めようと、真田幸村（信繁）の活躍した縁で、平成十八年十月十日に大阪城と友好城郭提携を結んだ。十月十日は幸村が大坂城（大阪城）に入城した日という。平成二十年十月十日には、友好城郭提携記念石碑の除幕式が大阪城で開催された。

里帰りソバ

九度山町の真田庵・真田地主大権現

第五章 幕末・維新期の上田藩

開国や議会政治を主張する先駆者があらわれ、時代のさきがけとなった。

1 上田藩の天保改革

上田藩は天保期に極度の財政難となったため、財政再建・農村復興・殖産興業策を打ち出した。
しかし、耕耘算や永続高などの農村改革は、改革派の失脚により挫折した。
天保期以降、武士の窮乏化は一層進展し、支配体制はゆらいだ。

上田藩の天保改革

上田藩の幕末・維新前史は、天保期の財政難と財政改革にはじまった。

松平忠優が藩主となった天保元年（一八三〇）には、上田藩は極度の財政難に陥っていた。藩の予算書である「上田藩御積帳」をみると、文化九年（一八一二）には、一万四四二四両余の支出に対して、収入は一万一七五九両しかなく、この年だけでも二六六五両余の赤字だった。飢饉のあった天保四年には一万二九一六両余の巨額の赤字を計上している。

この対策として、御用金（借上金）、調達金、無尽金など、領内有力町人や農民からの資金調達を図った。例えば、文政十三年には三五〇両を利息一割三分で房山村の丸山忠右衛門から取集金《とりあつめきん》（借上金）として借用している。しかし、借

上田藩産物改所鑑札
これは天保五年の絹・紬・糸仲買の許可証。
（上田市立博物館蔵）

金や調達金だけでは藩財政は改善しないので、倹約令を徹底させるほか、税収増、農村復興策、殖産興業策もとられた。

天保三年に「五人組常々可相心得条々」を出し、農業振興や農業技術の向上なども指導した。同年には、諸役を納入する時の費用がかからないようにせよなどと諭し、年貢の取り立て法を定免法から検見法へ変更した。

天保四年、上田町に産物改所を設立させ、絹・紬や生糸の品質検査をして改め料をとるようにした。同年には上田領の蚕種仲間を承認し、冥加金（営業許可税）をとるようにするなど税収増を図った。また、天保三年には綿羊飼育、天保七年には山田池土手で甘草という薬草の栽培を奨励した。民間では山田池に養鯉計画があり、この頃薩摩芋の栽培が始まり、嘉永五年（一八五二）にはそれが城下隣接の房山村や山口村でも始まった。

天保四年、七年は大飢饉で、生活に苦しむ村々は増加した。

天保八年二月には、塩田組八木沢村・舞田村の「農作行事一覧」がつくられ、代官宛に提出、領内全域にこの帳面作成が命ぜられた。領内農村の農民生活や農作物の実情把握のためであり、経験的な農作業を記録することで、栽培時期や適地栽培、品種改良などの営農方法の改善につながり、ひいては農村復興につながると考えられたからであった。しかし、天保八年の旱魃《かんばつ》もひどく、八木沢村では、七月十五日から雨乞いをしており、八月五日の「田方稲毛下見取調報告」をみる

山田池
（上田市山田・八木沢）
江戸時代初めに築かれたこの池は塩田平で最大級だった。

山田池薬園御用旗
（『上田小県誌』より）

と、全村で収穫が平年の四割にも満たない予想で、収穫皆無予想が六パーセントというひどい状況だった。

　もともと離散百姓がたくさん出て散田（耕作されない田）も多く、年貢を納められない農民が多かった八木沢村では、天保十一年には藩からの借用金のうち、四五両二朱の返済も滞り、代官の手配により「永続無尽金」を借用して、五月分の金納を済ませたほどであった。

嘉永期の農村改革

　天保末年から嘉永期にかけて、藩政改革を中心になって進めたのが、天保七年に家老並となった藤井右膳とその部下たちだった。右膳は、人材登用、農村復興、軍備改革の三つを重点的に進めた。

　藤井右膳は農村復興のために、高瀬半九郎を嘉永元年（一八四八）に町奉行、同三年には郡奉行に就任させ、嘉永五年に藩校明倫堂の惣司（学校長）になった加藤彦五郎を嘉永六年には郡奉行兼帯とし、民政を担当させた。

　農村復興の実務で積極的に活躍したのが、文政八年（一八二五）に初めて武士に取り立てられた河内含三だった。河内含三は、文政八年に最も下の格式である組付徒士・七石二人扶持で領内の武石村掛として採用され、以来、勘定方を中心

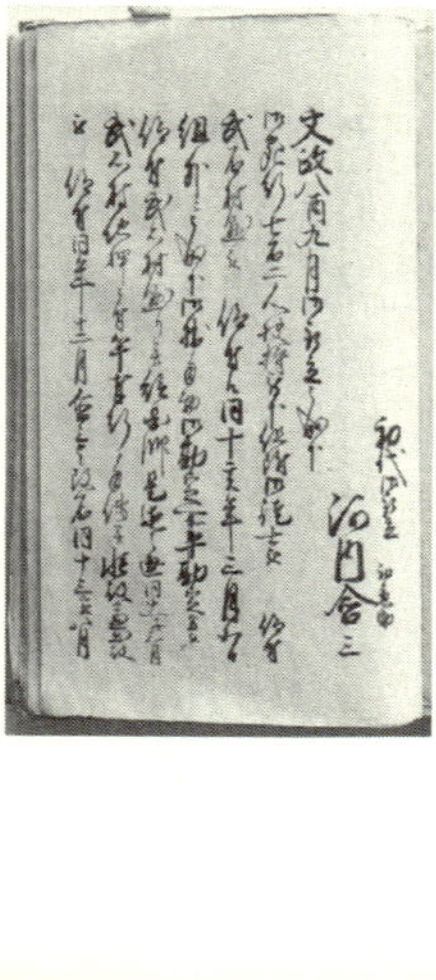

農村改革者・河内含三履歴
（『上田市誌』より）

に民政にかかわり、嘉永二年に塩尻組・国分寺組代官として抜擢され、嘉永三年には田中組・洗馬組代官に支配替えとなった。

河内含三は田中組・洗馬組代官に就任するとすぐに「難渋村方之儀并夫銭之儀申上候書付」（「難村書上」）を郡奉行高瀬半九郎に提出し、同年十一月には、「田中組困窮村方廻村之儀ニ付申上候書付」（「困窮村書上」）を作成して農村改革の方向を示している。一九項目にわたる詳細なもので、内容は上田領内では、寛政十年（一七九八）と天保六年の人口から二六〇〇人もの人口減となっており、村方困窮の原因は散田の跡地耕作の困難にあること、村方復興策は、人口を増し、農民の困窮を除き、風儀を建て直すことの三点にあること、検見で年貢減免しても効果が少なくなってきたこと、篤農家を奨励し、毎年の田ごとのでき方を巡視するために検見帳のような帳面を仕立てることなどを記し、以上の実態から散田が増加するので、村方復興の仕法は何よりも田を耕作することが徳になるようにすることだと述べている。

天保飢饉と金納米相場の変動のため、農村の困窮はさらにひどくなっており、累積した年貢未進（未納入）高は田中組の加沢村だけでも一〇七〇両余、その他の村々も合わせた合計は四七一六両にもなっていた。そこで田中組有力農民から一七〇〇両、藩から一〇〇〇両の合わせて二七〇〇両の無尽をはじめ、その利息で未進金等の返済にあてることにした。

耕耘算と「新建」策

上青木村の庄屋尾崎一助は、河内含三の農村取り調べ命令をうけて〝耕耘算〟という田畑を耕すための収支計算による農業生産計画を農村改革策として提案した。例えば、水田四七五歩（一五六七・五平方メートル）の広さの田を耕すには、苗田造りの糞運びと水入れ・種まき入れの人件費は二人で銀四匁、苗田の糞代金が銀七匁五分、苗田の油カス代金が銀三匁七分五厘、藁七駄半で銀一五匁など、肥料、人件費を細かく計算して総計銀一一九匁三分かかると計算した。

また中農（平均的な農家）の一家の生産量も計算し、不足額が一五一匁二分三厘となるので、このままでは一家を養いがたいとした。だから、農業経営には、収入や支出の細かい計算をし、記録をし、農業費用を倹約することで、新たな生産計画も可能になると提案している。

しかし、中農でさえ収支が不足がちであるから、下層農民の生活は厳しく、耕作を放棄する農民も続出していた。そのため藩はこれらの散田を、農家の二男や三男に、肥料代や農具や家財に対する補助金を出して耕作させる、自作農創設の「新建」という政策を進めた。「新建」は諏訪部・仁古田・中野・野竹・金剛寺など各村で実施された。野竹村は弘化三年（一八四六）から企てられ、弘化五年

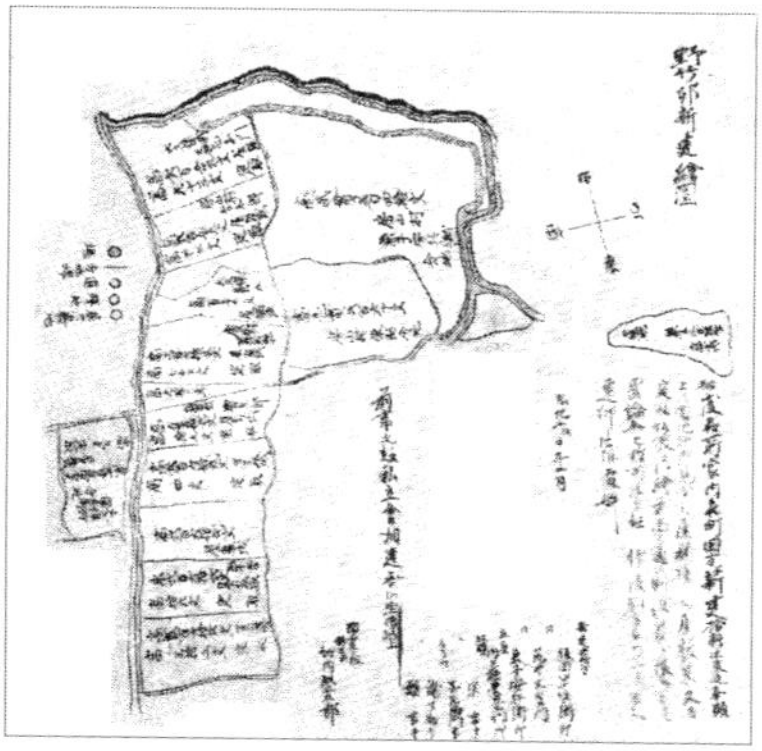

野竹村新建絵図
（『上田小県誌』より）

頃から入植がされたが、嘉永五年（一八五二）には、上納夫銭が滞って挫折した。結局、補助労働力の不足や耕地が荒れていること、農具類が少ないことなどで予期した成果は上がらなかった。

「永続高」と「永続講」

天保飢饉以後、困窮した農民が逃亡したりして耕作者がいなくなった散田が増加した。こうした現状を憂えた塩尻組・国分寺組代官上野健蔵（尚志）らは、田畑を手放して村を離れる農民を防ぎ、家の永続を願って、安政元年（一八五四）に「永続高《えいぞくこう》」という制度を二〇年限定で立てた。一定の土地を出し合ってそれを永続高帳に登録し、この土地は決して売り買いせず、その土地からは確実に年貢を納入させるという農村改革の方法で、当初は塩尻組・国分寺組で一〇〇人以上が参加したというが、計画通りには進まず、天保年間から領内各地で行われていた「永続講」という無尽へとかわったようである。

無尽の永続講の一つに、天保十三年（一八四二）に結成された上塩尻村の「信《しん》友講《ゆうこう》」★があった。運営は、講金世話番四人を講員全員による入札（選挙）で選び、金子の利子率は講員で相談して決め、三月と十一月の二回に全員が集まることとした。この講は単なる経済的な互助的無尽でなく、お互いの生活規範を高め合う

▼「信友講」
誓約書には、子孫永続と凶作の備えのために、信友仲間が申し合わせて、一口を金二分として、毎年春と冬の二度お金を出し合って、天保十三年から安政四年まで十五年間積み立て、そのお金をもとに貸し付けをして、一口分の利息が米五俵分になったところで講を区切ること、信友講は子孫永続の頼みであるから、もし、講中の不心得者は掛け金を戻して除名すること、他人への譲渡は認めないことなどの規律を定めている。

ための組織でもあった。そのため講中の禁止事項として、博奕をしないこと、分を過ぎた奢りをしないこと、大酒をのまないこと、強訴を先頭になってしないことなどが決められている。

この信友講が安政五年に満期をむかえ、積立金が五〇〇両になった。上塩尻村の有志は、さきの藩役人らの永続高の提案をうけて、新たに安政四年に永続春秋講も一五両で出発させている。この講は、順調に続き、文久三年（一八六三）には積立金が一一八両余にもなっている。明治七年（一八七四）までの記録に永続舎とあるので、幕末の農村改革における家の永続のための改革や積立という意識は続いていた。

農政改革の挫折と産物会所設置

安政二年（一八五五）八月、藩主松平忠優が老中を解任され、老中再任のための資金調達を優先させるか、領内農村復興を優先させるか――再任派の江戸家老岡部九郎兵衛と農村復興派の国元家老藤井右膳の対立が激しくなった。

安政二年五月に、郡奉行高瀬半九郎は人材登用、農村復興、軍制改革の三大重点改革の建言書を提出したが、これは反対派によってしりぞけられ、同年七月に高瀬半九郎が郡奉行を、同年八月に加藤彦五郎が郡奉行兼帯をそれぞれ罷免され、

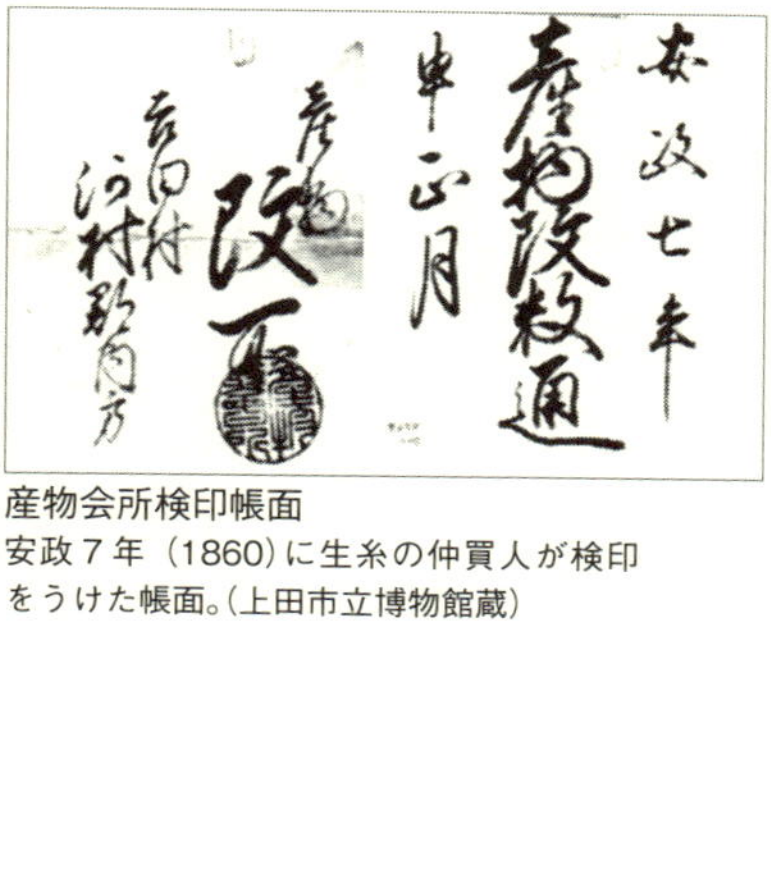

産物会所検印帳面
安政７年（1860）に生糸の仲買人が検印をうけた帳面。（上田市立博物館蔵）

さらに、同年十一月に河内含三に不正があったとして田中組・洗馬組代官を罷免され、安政三年一月には、塩尻組・国分寺組代官上野健蔵も罷免され、改革の中心人物がことごとく民政からしりぞけられ、安政三年七月には、とうとう藤井右膳も病気を理由に家老職を辞めざるを得なくなった。

安政四年四月からは、専売制を強化して産物会所設置による免許料収入増加策へと方向転換が図られ、島田万助と土屋仁輔が産物会所取建取調御用掛に任命されている。これは忠優の実家姫路藩の専売制度にならったものであった。安政六年四月、藩政批判をした河内含三は永牢舎の処分をうけ、藤井右膳、加藤彦五郎、高瀬半九郎らはそれぞれ蟄居を言い渡され、右膳を中心とする農村改革は挫折した。

治療費も払えない武士たち

安政六年（一八五九）のこと、上田藩の物頭（足軽頭）が窮乏を藩へ訴え出た文書に、上田藩士は医師にかかっても薬礼★も払えず、急病などで医者を呼ぼうとしても断られてしまい、本当の急病の時には手遅れになってしまうと、その対策を懇願している。

明和二年（一七六五）の「問屋日記」には、上田藩では、徒士《かち》（騎馬を許され

▼薬札
診察代、治療費のこと。この研究は尾崎行也「近世上田藩家中医療費給付制度」（『千曲』一二六号）による。

ない下級武士）以上で町医にかかった場合は、町医からの受診者別投薬数報告書により、御会所より薬一貼につき三分、鍼治療の場合は七日間の治療で一匁一分宛、藩から町医へ問屋を通じて支給した記録がある。

上田藩では、藩財政の悪化により、藩士の半知上納が恒常化しており、それゆえ、困窮した武士への藩からの医療費支給が行われるようになっていた。その支給額は、煎薬一貼は粉薬一包、膏薬一張りに相当し、日数にして一日分、代は銀三分とされた。支払われる額はわずかであったが、全額、藩からの支給であった。

安永二年（一七七三）の「問屋日記」には、町医から差し出された医薬品貼数と療家（患家）から提出された貼数とを相改め、双方間違いのないようにする、給付制度の整備が図られた。しかし、安永七年には、申請によって給付される医薬品の量は半年で一五〇貼を上限とし、町医に支払われる医療費のうち、三分の一は療家負担とすると定められた。藩財政の悪化により、藩費軽減と療家の自己負担の増加が図られた。さらに、安永八年には、町医に対する薬礼について、これまでは療家負担分も会所（藩役所）で集めて、藩の給付分を加えて一括、町医へ支払っていたのを中止し、今後は療家から町医へ直接薬礼を支払うようにするという通達が出された。

この後の「問屋日記」に、藩による医療費給付の記録がみえないことから、藩による医療費給付制度そのものが破綻し、以後廃止されたものと思われる。それ

▼銀三分
尾崎行也氏の研究によれば、明和二年九月の豆腐相場での両替四貫一〇〇文で計算すると、銭で約二一文となる。ちなみに当時豆腐一丁銭一三〜一五文であったから、豆腐一・五丁分ほどの薬礼となる。

ゆえ、安政六年のような、医療費も払えず、医者に診てもらえない下級武士らの嘆願がされたのであろう。

下男・下女という奉公人の給金は、天保五年（一八三四）の市・在所の定めで、給与は高いほうで男が年に金三両二分、女金二両二分とされた。日雇いは、正月から農作業が始まる山の口明けまでの農閑期は銭一五〇文、山の口明けから農休みまでの農繁期は二〇〇文であった。また、嘉永年間には男が四、五両、日雇い二〇〇文、その後、明治十二年（一八七九）には年五〇円だった。

下級武士の最低給与は、ほぼ三両一人扶持あたりで、彼らのことをサンピンとも呼んで揶揄《やゆ》したが、よく働く下男とほぼ同じくらいの給与だった。下級武士の困窮はきわまっていた。

武士の葬送

上田藩士赤松小三郎の実父芦田勘兵衛が、慶応二年（一八六六）四月十九日に病死した。折悪しく、長男柔太郎は、藩主の長州征伐に随従し、大坂に在陣しており、二男で、養子に出ていた赤松小三郎は江戸にいた。父の死を知らせる飛脚により小三郎が四月二十四日、柔太郎は五月四日に上田に戻った。帰郷した柔太郎は実父の葬儀記録「新葬略記★」を書き留めた。

▼「新葬略記」
芦田柔太郎の葬儀記録。寺島隆史「上田藩士芦田勘兵衛の葬送・追善について」（『上田盆地』四〇号）による。

四月十九日に勘兵衛は亡くなり、二十二日に入棺となった。棺は高さ三尺三寸（約一メートル）で座棺とみられる。この棺の中には紋付礼服、足袋、刀の大小を形どったもの、椀具、常のタバコ入れ・キセル、茶入れ、菓子、布団を入れた。勘兵衛は喫煙家だったらしい。

小三郎が戻った二十四日に葬儀が行われ、棺が埋葬された。墓掘りは農村では共同扶助であったが、町場に住む武士の場合は雇い人足で、「穴掘り料★」は一両一分二朱で、酒代が一朱であった。

初七日の法事は、葬儀の翌日の二十五日に、赤松小三郎を祭主として行われ、菩提寺月窓寺からの和尚や参会者は計八〇人で、故人を偲ぶ宴会は正午から夕方まで行われた。献立は、皿には、白和え《しろあ》、ひじき、レンコン、平皿には、並あげ、こんぶ、汁は、ふき、きんかんふ、それと香の物だった。料理人巳之助が頼まれてつくった。夜になって、夜食少しと酒が出た。当時、上田藩では出兵中でもあり倹約令が出ていたので、質素で酒を出すことも差し控える方向であった。

形見分けは柔太郎の帰郷後に行われ、赤松家に養子に出ていた小三郎は、実父のふだん身につけていた大小の刀と上下《かみしも》を分けてもらった。

初七日《しょなのか》の次は、三七日《みなのか》★つまり二十一日目の五月九日に、柔太郎ら親族のみで法要が執り行われた。一カ月後の五月十九日が初命日で、親類の女だけが寄った。この時の供え物は油揚げ、花料、花、線香などで、料理は、あずき団子、ふき、

▼穴掘り
町部は元禄十五年（一七〇二）に海野町・房山・山口寄り合い火葬場として、山口村七四四坪ほどが確保され火葬が行われたが、江戸後期になって土葬となった。大石村あたりは享保年間（一七一六～三六）までほぼ火葬だったが、宝暦年間（一七五一～六四）に土葬となったという。

▼三七日
忌日は七日ごとにあり、初七日、二七日《ふたなのか》（十四日目）、三七日《みなのか》（二十一日目）と続いて七七日《しちしちにち》が四十九日の供養となる。

あぶらげが出された。

七月十三日に父の墓碑が建てられた。一周忌は、翌慶応三年三月十九日に、祖父の二十三回忌と合わせて柔太郎が営んでいる。この時の祭壇の供え物の茶菓に、「コーヒー」があり、供え物に開港後の世相が反映していた。三七日のお供え物は銀札★が一枚ずつ四枚、商品札は茶札が二枚のほか、砂糖札、蕎麦札、菓子札が各一枚ずつ、香代一件銭一〇〇文だったとある。商品札はいずれも一〇〇文相当の商品札とみられ、供養に使われていたことがわかる。

葬儀関係費用をみると、江戸の小三郎への飛脚代が二両二分（約五〇里）、大坂の柔太郎へのそれが五両二分（約一〇〇里）、穴掘り料が一両一分二朱で酒代が一朱、葬式諸道具の工作料が一両三分二朱、鬼門除けの呪術料が、「丑寅除け、成楽院、拾弐銅　百文　米壱升」、葬儀の翌日、寺への布施が「二〇〇疋、斎米二升」、戒名院号料が一〇〇疋、五月十三日には不幸後の後払いを全部すませ、三両一分二朱二〇〇文だった。

▼銀札
天明五年（一七八五）に一匁札、五分札、三分札をつくり、幕末の家中への通達に「祝い物の儀は銀札壱枚限り」（『上田市史』）とあるように、祝い物などには銀札一枚とするよう指示されていた。

②幕末・維新を先導した上田藩

ペリー来航時の幕府老中であった上田藩主松平忠優は開国を主張し、幕末政局をリードした。蘭方医学が上田藩にも導入され、蘭学者赤松小三郎は公議政体論を主張した。八木剛助を中心に西洋式軍制改革が進められ維新を迎えることとなった。

老中松平忠優（忠固）は開国派

上田藩主松平忠優は、譜代大名姫路藩酒井家の出身であることを背景に、幕閣での出世コースを歩んだ。寺社奉行、大坂城代を経て、嘉永元年（一八四八）に、老中に抜擢された。嘉永六年、ペリーの黒船が浦賀へ来航し、開国を迫った。老中首座阿部正弘は、幕府奉行や諸大名らに対処の意見を求め、かつ水戸の徳川斉昭を海防参与に就任させる挙国一致策をとった。前代未聞の諮問《しもん》と徳川斉昭の海防参与就任に対して、幕府が独占していた外交権を失い、幕政が混乱するとして、諸大名らは忠優をはじめてとして強硬に反対した。

忠優は穏健な開国派であり、斉昭の攘夷とは相容れなかった。斉昭は対立する忠優やそれに同調する老中松平乗全《のりやす》（大給《おぎゅう》松平家／三河国西尾藩主）の罷免を阿部正弘にせまったため、阿部はやむなく安政二年（一八五五）に忠優、乗全を免職した。しかし、阿部は幕閣内で孤立し、同年十月に開国派の堀田正睦が老中首座についた。堀田は安政四年（一八五七）に忠固（忠優が改名）を老中に再任した。この間に、上田藩では老中再任派家老の岡部と財政・農政改革派家老の藤井との対立があり、藤井らが失脚させられている。

再任された忠固は、五名の老中の次席として堀田とともに日米修好通商条約の締結をすすめた。忠固は、将軍家定の後継をめぐっては、一橋慶喜（斉昭の子）を推す越前藩主松平慶永、薩摩藩主島津斉彬らと対立し、紀州藩主の慶福《よしとみ》（のち家茂）を推す彦根藩主井伊直弼《なおすけ》ら譜代大名側についた。堀田は、条約締結には孝明天皇の勅許★が必要と考え、安政五年二月に上洛した。条約勅許を不要と考えていた忠固は、その留守中に、井伊直弼を大老にする画策をすすめ、四月に堀田が勅許を得られずむなしく江戸に帰った直後に、井伊が大老に就任した。

全権を握った井伊は、六月に慶福を後継者と決定し、勅許なしで六月十九日に日米修好通商条約に調印し、直後に、堀田と松平忠固に、無勅許調印の責めを負わせて罷免した。予想外の免職で蟄居まで言い渡された忠固は、失意のうちに翌安政六年に、四十八歳の若さで急死した。

▼勅許
天皇の許可。忠固は外交は幕府の専権事項と考えていたので、条約勅許は不要と主張した。

惜しむらくは赤松小三郎

幕末期になると対外危機が増大し、上田藩も、蘭方医学だけでなく、諸軍事科学や制度の導入を図った。

上田藩では、赤松小三郎が先駆的蘭学者の一人である。上田藩士芦田家に生まれ、藩校明倫堂に学んだ。竹内善吾の高弟の上田藩士植村重遠に和算を学び熟達した。嘉永元年（一八四八）に江戸に出て、幕臣で数学者の内田弥太郎（五観《いつみ》）の瑪得瑪弟加《まてまてか》塾で、和算・西洋数学・天文・測量・蘭学を学び、さらに幕臣下曾根金三郎に西洋砲術を学んだ。安政元年（一八五四）に勝海舟の門下生となり、その縁で翌安政二年には、長崎にある幕府海軍伝習所に入所し、二年間、軍事技術や蘭学を学んだ。この時の授業記録が『長崎航路日記』で、砲弾の放物線計算や航海術などの学習内容が鉛筆で詳しく記録されている。語学力は天才的で、安政四年にはオランダの歩兵書『新銃射放論』や馬術書『選馬説』などを翻訳した。

万延元年（一八六〇）に帰藩し、赤松家を継いだのだが、彼は、同年にアメリカに出発した勝海舟らの咸臨丸《かんりんまる》の遣米使節団に参加して太平洋を渡って海外を実見する志を抱いていた。しかし、上田藩という小藩では後押しがなく、彼はその寂寥《せきりょう》たる想いを詩文集『塵塚』に記している。

赤松小三郎肖像写真（慶応三年四月撮影）（上田市立博物館蔵）

文久二年（一八六二）に上田藩の洋式軍制改革に参画した。文久三年に、松代藩士の娘と結婚した縁で、松代藩蘭学者佐久間象山とも交流した。この頃、下曾根金三郎から英国陸軍の歩兵訓練用教科書の翻訳を打診された。小三郎は、藩命で兵器の買い付けなどで横浜に赴いた際に、横浜在住の英国大使館騎兵大尉アプリンのもとに通い、英語を学習し、翻訳を進めた。

慶応元年（一八六五）に第二次長州征伐に従軍し、翌慶応二年二月に、京都で英国式兵学塾を開いた。三月に『英国歩兵練法』（五編全八冊、下曾根版）を刊行したため、小三郎の知名度が高まり、肥後藩・大垣藩などからも門人が集まった。さらに薩摩藩に招かれ、桐野利秋・東郷平八郎らにも講義をした。薩摩藩では『英国歩兵練法』の補訂版を慶応三年に刊行している。

慶応二年八月、幕府に口上書を出し、長州征伐を批判し、人材登用を提言、翌九月には上田藩主に人材登用や藩政・軍制改革を建白している。幕府は、小三郎を開成所教官に任ずるため、上田藩に打診したが、藩は軍制改革に必要と断って、小三郎に帰藩を促した。小三郎は、病気と称して京都での滞在を続け、兄柔太郎には「上田ニテ事ヲ開き日本ニ弘メ候事ハ出来不申、皇国ニ事ヲ開キ候ヘバ、自然ト上田ハ開け申候」と国を開くことが上田を開くことになるとの気持ちを吐露している。

慶応三年五月には、当時、幕政の責任者の一人であった越前藩主松平慶永《よしなが》（春

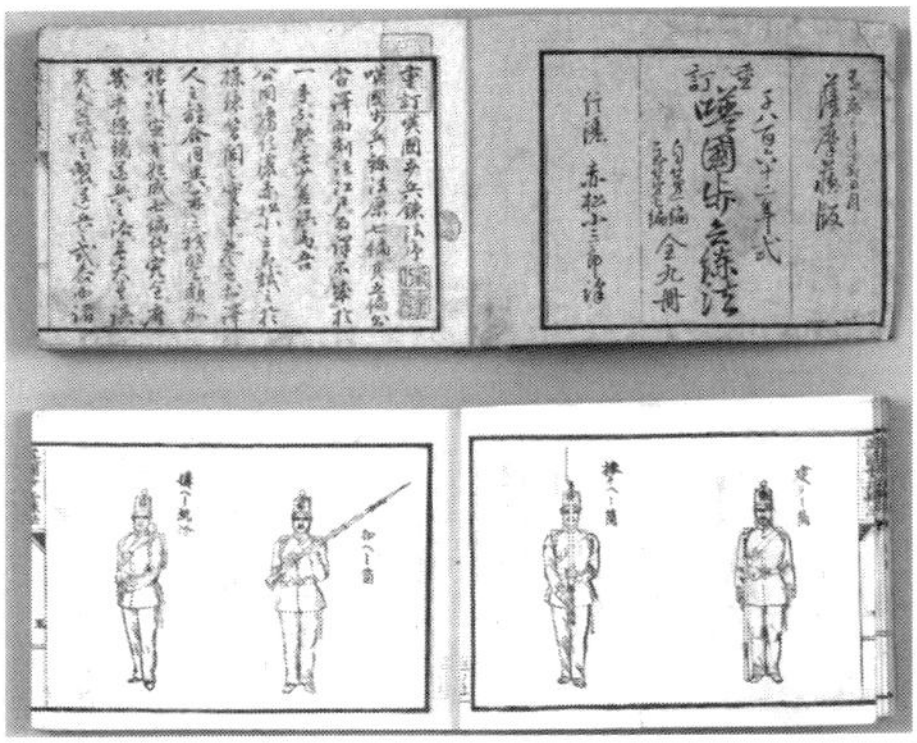
『重訂英国歩兵練法』（上田市立博物館蔵）

嶽）に幕政改革に関する意見書を出した。この中で「議政局をたて上下両局にわかち、その下局は国の大小に応じ、諸国より数人の道理に明らかなる人を自国及び隣国の入札（選挙）により選抽し」とあり、二院制と選挙による議会政治を行うことを主張しており、坂本龍馬の「船中八策」での議会政治の主張よりも半年も早くかつ緻密な意見書で、我が国議会政治の主張の中でも先駆的なものであった。

しかし、小三郎の提言は幕府の延命策とみた倒幕派にとっては快いものではなかった。慶応三年秋、上田藩からの度々の帰藩命令に、やむなく九月五日に上田へ帰ろうとした小三郎は直前の九月三日、倒幕派の薩摩藩士らに京都で斬られて、三十七歳の生涯を終えた。新国家への明快な展望を有していた小三郎の突然の死は、上田藩だけでなく日本にとっても惜しまれよう。

赤松小三郎の墓（戒名は良鑑院松屋赤心居士）
（上田市月窓寺）

ペリー来航後の上田藩

安政元年（一八五四）には、ペリー来航という非常事態のため農兵を組織しようと、塩尻組の二百余人を集め、諏訪部川原で月六回小銃調練を行ったが、二年ほどで廃止になった。安政三年には金剛山麓が開かれ、数町の規模で桑が植えられ、その一帯は桑畑になった。安政四年には千曲川の大水で諏訪部村から、御所・中之条の桑畑なども流失した。同年九月には藩主松平忠固（忠優）が再び老中につき、幕政を担当した。開国に尽力した忠固は安政五年に突如解任され、失意のうちに安政六年に死去した。遺髪と遺歯が上田市願行寺に埋納されている。

文久二年（一八六二）の幕政改革で、江戸詰めの藩士はすべて国に居住するようにとの命令があり、翌年大方が移った。文久三年には和宮下向があり、上田藩も警固を命ぜられ、その費用は五〇〇両もかかっている。

元治元年（一八六四）には、長州の攘夷決行等の動きを潰すため、第一次長州征討があり、上田藩も出陣を命ぜられた。またこの年、水戸天狗党が分散して中山道を経過して信州に入ったため、上田藩は武石村まで進軍している。

幕末になって、忠固の老中就任のための金策を担当していた、上田藩家老岡部氏が君臣の大義を失ったとして失脚し、かわって反岡部派が復活した。慶応元年（一八六五）に農村改革派上野健蔵も蟄居を解かれて、鐘美館（藩校寄宿舎）の世話係などになり、教育に携わるようになった。

八木剛助と西洋砲術

上田藩の軍制改革は八木剛助が柱になって推進した。剛助は、藩校明倫堂で学んだあと、砲術研究に出精し、大筒の試射を繰り返した。忠優は、西洋砲術採用

松平忠優（忠固）髪歯塚
（上田市願行寺）

の必要を感じ、弘化元年（一八四四）、八木剛助を西洋砲術家高島秋帆★門人で三河田原藩士村上定平《さだへい》へ入門させ、西洋砲術を修業させた。三河国田原藩主三宅康直と上田藩主松平忠優は姫路酒井氏出身で兄弟の縁があったからであろう。藩名で三河田原に赴いた剛助は火薬の原料となる硝石の作り方、モルチール砲★、ホーウイッスル砲の鋳込み方等の火器製造技術や砲術訓練法など、一年余の修業を「田原記聞」に書き残している。

砲術修業を終え、弘化二年七月に帰藩した剛助は、さっそく、常田村鋳物師半田八郎右衛門、小島大次郎らに大砲の鋳造を命じた。

嘉永三年（一八五〇）からは大筒（大砲）試射が盛んに行われ、嘉永六年三月五日に上田城西南の諏訪部川原でホーウイッスル砲、モルチール砲、野戦砲の三砲の試射が行われた。同年六月にはペリー来航により、海防が急務となり、江戸での砲術訓練が求められ、十月には剛助が武蔵国大森村打ち場での砲術稽古打ちを幕府に求めている。

剛助は、山田貫兵衛、桜井純蔵、滝沢省吾ら佐久間象山門人の上田藩士のほか、幕臣で西洋砲術家の下曾根金三郎の門人赤松清次郎（のち小三郎）らを登用し、上田藩の西洋流銃隊訓練を進めた。また文久三年（一八六三）には、半田八郎右衛門と小島久兵衛の息子二人を武蔵国川口に派遣し、大砲鋳立ての技術を学ばせ、新しく農兵を養成することとした。同年には最新式のアメリカ式ライフルやカノ

▼高島秋帆
長崎から江戸に出て徳丸が原（現・東京都板橋区高島平）で西洋砲術の実射訓練を行った。

▼モルチール砲
迫撃砲、臼砲。

施錠銃大砲実弾
砲弾の突起部分が磨耗しているのは、実射されたことを示す。
（上田市立博物館蔵）

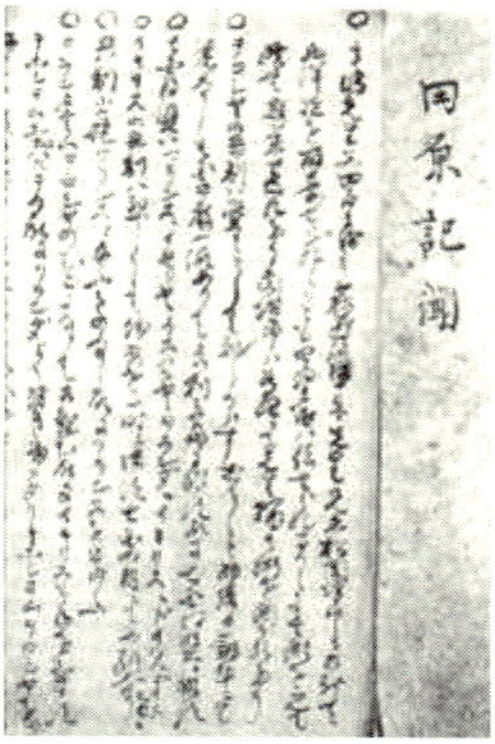

「田原記聞」（八木剛助の村上定平塾修学記録）
（上田市立博物館蔵）

ン砲の製造を行った（コラム「これも上田」参照）。

剛助は、製造した大砲を使って元治元年（一八六四）の水戸浪士の追討をし、慶応元年（一八六五）の長州再征でも、上田藩の軍事的指導者として活躍したのであった。

明治維新にあたり、藩主松平忠礼に対し、慶喜支持から朝廷方支持へと藩論を変更させた中心的役割を果たし、自らは高齢のため、息子兼助を北越戦争へと派遣した。兼助は、越後国で戦死したが、剛助は廃藩置県の行われた明治四年（一八七一）に七十一歳で没した。

洋式砲の分類

名　称	弾道	射程	砲身	用　途
モルチール砲（臼砲）	高	短	短	攻城戦など
ホーウイッスル砲（忽砲）	中	中	中	多目的に使用
カノン砲（加農砲）	低	長	長	低い弾道で目標を直接破壊。移動式野戦砲など

③ 明治維新と上田藩

戊辰戦争で逡巡していた上田藩は新政府軍に参加し、北越戦争に出兵した。
明治二年の版籍奉還と世直し一揆により上田藩の解体が進んだ。
明治四年の廃藩置県により、上田藩は上田県、長野県となり、近代での歩みを始めた。

戊辰戦争と上田藩

慶応三年（一八六七）十月十四日に徳川慶喜は、大政奉還をした。これで徳川幕府は倒れ、慶喜は最後の将軍となった。しかし薩摩・長州の倒幕の動きはとどまらず、同年十二月九日、王政復古を宣言し、翌日慶喜に、官職を辞し領地を朝廷に返すべしとする辞官納地を命じた。譜代大名は憤激し、薩摩を討つべしと主張した。上田藩もこの時点では幕府方であった。

しかし、翌慶応四年正月の鳥羽・伏見の戦いで、幕府軍が敗北し、将軍慶喜が開陽丸で江戸城へ逃げ帰ると、形勢は一変した。新政府軍は慶喜討伐の官軍として三隊に分かれて、京都から江戸へ進軍を開始した。

上田藩へは、二月七日に官軍先鋒嚮導隊（赤報隊）が入り、上田藩に恭順をせ

戊辰戦争時の上田藩兵の袖印
上田藩兵が兵服の袖に付けていたもの。忠の字を図案化したマークが目印となった。
（上田市立博物館蔵）

まった。上田藩は新政府側へと藩論が転換した。嚮導隊がニセ官軍として処刑される動きがあっても、新政府への恭順の意は変えず、藩主忠礼は三月十九日に上洛のため上田を発ち、四月五日に朝廷へ恭順の意を正式に示した。

上田藩は四月に、北越出兵を命ぜられ、歩兵二小隊、大砲隊が出動した。長岡での激戦で、八木剛助の子兼助が死亡した。部隊は、会津若松城攻撃など六カ月間転戦を続け、十一月に上田に帰った。延べ三七〇名余が参戦、戦死者一〇名であった。

上田藩は同年十月、藩治職制を定め、議会にあたる議政堂を置いた。議政堂は上下二局に分かれ、上局は師岡主鈴・藤井求馬助ら上級武士が藩主を補佐し、下局は庶民からも選抜するものとした。また行政組織として施政堂を置き、民政は民政府が担当した。

翌明治二年（一八六九）に版籍奉還が行われた。版籍とは土地と人民のことで、それらを朝廷に返上するというものだった。新政府は六月十七日に、松平忠礼に対し、「上田藩知事」に任命し、家禄として実収石高の一〇分の一にあたる二千二百八十石八斗一升を給した。ただし、藩領をそのまま支配したので、旧藩のしくみは色濃く残った。

版籍奉還で上田藩は、上田藩庁に知事、大参事、権大参事などのほか、議事院、学校、民政局などを置いて職制改革を行った。

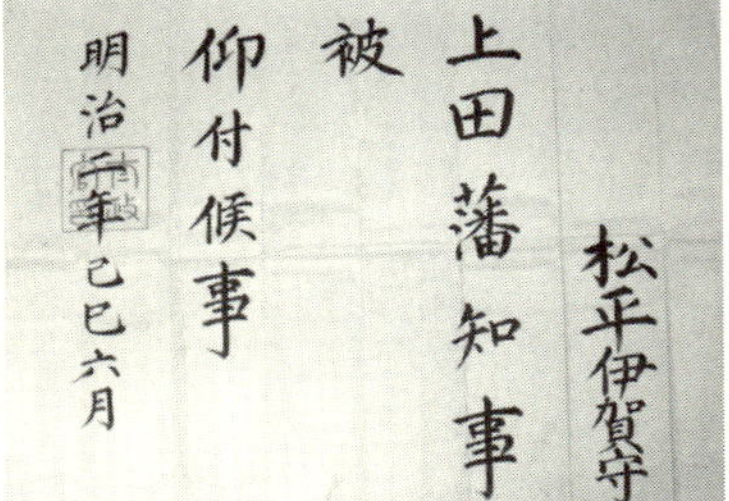

松平忠礼上田藩知事辞令（上田市立博物館蔵）

「明治二年上田騒動」とは

明治二年（一八六九）八月十六日、旧上田藩主松平忠礼は、版籍奉還後、初めて知事として上田に帰着した。旧藩主が上田に来るという情報を得た入奈良本村百姓九郎右衛門らは一揆のチャンスと、八月十五日に行動を起こし、十六日の夕刻には、夫神村の川原に浦野組の農民らが集結した。

翌十七日、一揆勢は数千人で大挙して、上田城下に押し寄せた。藩は大手門を開き、要求を聞こうとした。しかし、城外にあふれた一揆勢は暴徒化し、城下に放火したり、富商らの家を打ち壊したりして、翌日まで暴れまわった。このため、上田町で二一四戸が焼失し、約九〇戸が打ち壊された。周辺でも、割番庄屋らを中心に四九カ村で二六九戸が襲撃され、打ち壊された。海野町・原町・塩尻組など北国街道沿いの商家・資産家に被害が大きかった。

一揆勢の要求はさまざまで、偽二分金★の交換、金納相場の公正化、諸物価の引き下げ、御用金の免除などの経済的要求や、割番廃止、村役人交代のことなど、行政的要求もあった。

藩では、割番役の廃止、村方三役人を入札（選挙）で選ぶこと、難渋者への手当てについては取り調べることなどの農民側の要求の大部分を受け入れた。

明治二年上田騒動被災図
海野町はそっくり焼失した。
（上田市立博物館蔵）

▼偽二分金
明治元年に発行された貨幣司《かへいし》二分判《にぶばん》を明治二分金と呼び、財政難の諸藩内に銀台に金メッキした偽造二分金が出まわり、経済が混乱した。

一方で、一揆勢の首謀者として、入奈良本村の九郎右衛門、無宿寅蔵、帳外馬十らを死刑、歌次・玉蔵・幸五郎ら三人を永牢とした。一説によれば彼らは博奕仲間であり、首謀者として仕立てられたともいう。この強訴・打ち壊しは〝世ならし〟という富の平均を主張する性格があり、世直し一揆とも呼ばれるもので、藩は、緊急用藩札の発行、罹災《りさい》者の救恤《きゅうじゅつ》等の手だてをとり、一揆勢の処分も最小限にとどめた。これが「明治二年上田騒動」である。

上田藩の解体

上田藩の藩政改革はその後も進められ、明治三年（一八七〇）九月、新体制が発表された。最高位の大参事には元家老の師岡主鈴がつき、次いで権大参事に藤井淡水・山口平太郎らがつくなど、実態は旧体制のままであった。

全国的にも旧藩体制が温存され、行政上の著しい不便をきたしていたため新政府は、明治四年七月十四日に、全国から藩知事を東京に集め、廃藩置県を宣告した。藩知事松平忠礼は罷免され、上田藩は上田県となった。上田県政担当の大参事師岡主鈴は、民衆に対し、安堵して各自の職業に精励すべしと諭告した。

同年十一月に、上田県は小諸県、岩村田県などとともに長野県に編入され、上田県庁は上田庁となり、縮小されて長野県への移管事務を取り扱い、翌五年三月

明治二年上田騒動の際につけられた格子のキズ（上田市中央西二丁目）

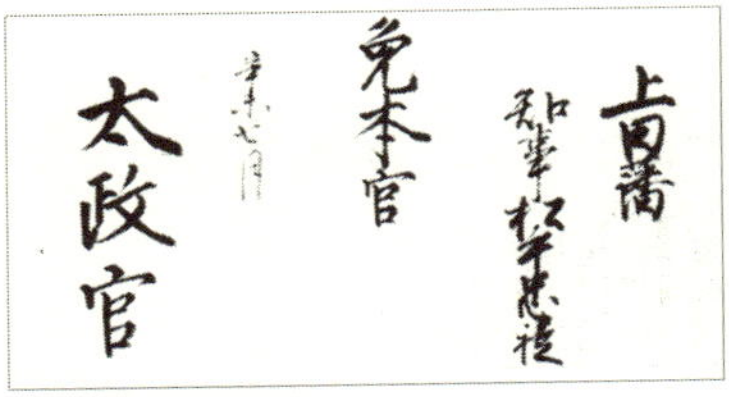
上田藩
知事 松平忠礼
免本官
太政官

上田藩知事免官辞令（上田市立博物館蔵）

に閉領された。こうして上田藩は完全に解体された。

上田城は、明治四年に国に接収され兵部省管轄となり、東京鎮台第二分営が置かれた。翌年第二分営が廃止された後、明治七年に、本丸・二の丸などが丸山平八郎に払い下げられた。櫓のうち、二基はのちに金秋楼、万豊楼という遊郭に払い下げられた。

城内は、桑園や畑地と化していったが、明治十二年（一八七九）に丸山氏から寄付をうけ、松平神社（現・真田神社）が創建され、明治二十六年（一八九三）に史跡公園化が始まった。

廃藩置県は士族の解体も意味した。明治維新後も、士族は旧来の俸禄を保障されていたが、明治六年に家禄奉還規則が出されて公債に換えることとなり、明治九年には家禄制度が全廃された。士族は、役人、教員、警察官、軍人、学者になったり、新商売を始めたりして、新たな時代を生き抜くことになった。しかし、士族の商法といわれるように、成功できた者は少なかった。

上田藩解体後、最後の藩主松平忠礼は、弟松平忠厚とともに米国留学し、帰国後は外務省に勤務した。忠厚は米国在住のまま生涯を終えた。

海外への関心は高く、文武の誉れ高き風土からは、明治以降、幾多の人材を生み、松平家ゆかりの子孫らは、明倫会などに拠り、松平氏時代と上田・小県地域の歴史と風土を誇りに思いつつ、祖霊祭などの活動を続けている。

真田神社

これも上田

小島家に残された大砲の木型

小島大次郎家には大砲の木型が残されていた。その側面に「文久三年亥仲夏始、子初春成就両筒合而五挺製造、同年浪士追討丑年長州御進発、右筒用弾丸城州伏見里江出張鋳之　亜国式ライフル加農砲　全身長五尺三寸壱分弐厘（一六〇九ミリ）巣中径二寸八分五厘（八六ミリ）、重量百二拾貫目（四五〇キログラム）」との墨書があった。文久三年（一八六三）五月から鋳造を開始し、翌元治元年（一八六四）春に五挺製造したこと、同年の水戸浪士（天狗党）の通行の時の撃退や、慶応元年（一八六五）丑年の長州再征に使用したこと、この筒用弾丸は伏見で鋳立てたことを記している。

亜国式ライフル加農砲とは、万延元年（一八六〇）に幕府遣米使節団の帰国にあたり、我が国に贈られた銃砲類の中の施条砲一門のことで、江川太郎左衛門がこの模倣を願い出て、幕府が文久二年十二月にライフルカノン二五門、ホーウイッスル七五門の鋳造を命じている。このライフルカノン砲は、保谷徹氏の調査によれば、アメリカでは製造者の名前をとってダールグレン砲と呼ばれ、南北戦争に使用されている。

小島家の大砲挽型
（『江戸時代の科学技術と信州・上田』より／小島大治郎氏家蔵）

京都大学の冨井洋一、冨田良雄氏らは、木型と墨書とから、砲身の復元概略図をつくり分析をした。別に残されていた外径八三ミリの六個ずつ二段の突起のついた鉛砲弾が、この木型で作られた施条砲から発射されたモノであることを実証した。

「鍋大」と常田の町並み

上田藩では、最新式のライフルカノン砲を、幕府がはじめて江川太郎左衛門に鋳造を命じたわずか半年後には、鋳造を開始していたのである。上田藩領の鋳物師の高い先進技術にあらためて驚かされる。

エピローグ

今に生きる上田藩

北国街道沿いを歩くと、国の重要伝統的建造物群保存地区の海野宿には、江戸から明治期の「うだつ」のある家並みが続き、城下町の柳町や紺屋町などにも江戸期からの酒造家や商家が建ち並び、蔵の白壁が歴史的な町並みに調和している。

幕末から明治期にかけての蚕種業で栄えた秋和地区の家並みも、歴史の時を経て美しい。開国後、上田の蚕種は、我が国で最も多く世界へ輸出された。上田の農民が書いた養蚕技術書『養蚕教弘録』がフランス語に訳されて、我が国養蚕技術を海外に伝えた。

だから、養蚕・蚕種業の盛んだった上田には、明治二十五年（一八九二）に小県蚕業学校が設立され、その後身の上田東高校の校章は、今でも桑の葉であり続けている。

さらに明治四十三年には、上田蚕糸専門学校が設立された。国立大学法人で、現在唯一の繊維の名を冠している信州大学繊維学部の前身であり、同学部は繊維に関する最新の科学技術を、上田から再び国内外に発信している。

上田藩主の屋敷跡に建つ上田高校の門を古城の門という。同校の校歌には「関八州の精鋭をこ

こに挫き し英雄の」とあり、徳川氏の二度の攻撃を防いだ真田氏の活躍が歌われ続けている。上田の町を歩くと「六文銭」や「幸村」などがかなり目に付く。やはり真田氏の伝統は上田の町や村に生きている。

〝夕立と一揆は青木村から〟というほど、上田領内最南端の青木村から一揆が何度も発生した。宝暦十一年（一七六一）の宝暦騒動を記録した『上田縞崩格子』には、「誠に一人貪戻なれば、一国乱を起こす事民の道にこれ有り」と、藩主の悪政への抵抗権を認めるがごとき表現がある。教育程度が高く、自由と知的豊かさを求める流れがあり、大正十年（一九二一）に、市民の手による信濃自由大学が興され、全国の自由大学運動へと波及した。

上田人の学問好きと歴史への高い関心は今も続いている。市町村史では戦前の『小縣郡史』（大正十二年）、『上田市史』（昭和十五年）に続き、『上田小県誌』（昭和三十五年）を経て、『上田市誌』（平成十六年）へと結実した。地方史誌『千曲』が定期的に発刊され、歴史研究団体や、社会教育大学なども活発に活動を続けている。さまざまな人々が、多様に歴史に関わり、関心を持ち続けている。こうした無数の人々が、現代の上田藩物語を紡いでいる。

あとがき

上田は長野県の中でもとりわけ住みよいところであると思う。県庁所在地長野市にも近く、東京にも新幹線で一時間半という近距離である。文物・情報の流入速度が速い。

現代情報を早く捉える一方で、歴史文化の宝庫でもある。上田城には、桜にも紅葉の季節にも、四季折々の美しさがある。堀を巡るのもよいし、東虎口櫓門をくぐり、櫓に登るもよし、山本鼎記念館や上田市立博物館で、上田の歴史文化に触れるのもよい。

北に市民の山、太郎山があり、真冬でも日だまりの暖かさがある。太郎山に登ると、眼下に上田の町とゆったり流れる千曲川が一望でき、さらに南方には、小牧山や塩田平などの遠望が広がる。塩田平は信州の鎌倉ともいわれ、安楽寺、北向観音、前山寺等の多くの文化財や、無言館や別所温泉がある。また信濃国分寺の八日堂縁日は、蘇民将来符をもとめる多くの善男善女で賑わう。私は、歴史ロマンと芸術文化の香りあふれる上田の町や村の光景と人情が大好きである。

現代書館の菊地泰博社長から、本書の執筆依頼をうけてはや五年余がすぎた。上田在住の高校教員であったから、ハンディーな上田藩物語が描ければと軽い気持ちでお引き受けした。ところがその直後に、私は九州の佐賀大学で勤務する身となった。思いがけない大きな変化だった。信州と九州佐賀は、約一二〇〇キロ離れている。やはり現在でも遠い。生来の遅筆に加えて、上田での取材がままならず、原稿執筆が遅れた。

さらに、長野県にはすぐれた研究者が多数おられ、『信濃』や『千曲』などの地方史誌などにもその成果を発表されている。とくに全国的に著名な真田氏については膨大な著書や諸説がある。それら研究の一つひとつに目を通さねばという想いと観念が、結局、筆を遅らせた最大の理由でもあった。

敬愛する地方史家一志茂樹氏がワラジ史学を提唱した。本書執筆にあたり、できる限りあらためて現地を歩き、新たな出会いと知見を得ることができた。そして、私も深く関わらせていただいた『上田市誌』の研究成果に多くを依拠した。

依拠した多くの研究者の著書、論考を、その都度紹介できないのは心苦しいのだが、物語という制約上、巻末に参考文献としてあげさせていただいた。真田氏や上田城・海野町・原町の動向については寺島隆史氏、上田藩や庶民生活・明治維新期の動向等全般にわたって、尾崎行也氏及び上田社会教育大学の皆様のご研究にお世話になったことをとくに明記して、学恩に感謝する次第である。

また、写真・図版を多く掲載させていただいたことも本書の特色の一つであり、とくに上田市立博物館、真田宝物館をはじめ、史料所蔵者の御高配にあずかり感謝申し上げる。長く待っていただき、励ましていただいた菊地泰博社長と編集スタッフ二又和仁氏、黒澤務氏に深謝しつつ、本書が、上田と上田藩をより理解する一助となれば、筆者として望外の喜びである。

参考文献

上田市誌編さん委員会『上田市誌』歴史編全編（同刊行会、二〇〇〇～〇四年）

小縣郡編『小縣郡史』正・余編（小縣時報局、一九二二・二三年）

『上田市史』上下（信濃毎日新聞社、一九四〇年）

上野尚志『信濃国小縣郡年表』（上小郷土研究会、一九五〇年）

『長野県史』史料編・東信地方第一巻（同、一九七一・七二年）

真田町誌編纂委員会『真田町誌』歴史編下（同刊行会、一九九九年）

青木村誌編纂委員会『青木村誌』歴史編下（同刊行会、一九九四年）

上田市立博物館『上田藩の人物と文化』（上田市立博物館、一九八六年）

上田市立博物館『真田氏史料集』（上田市立博物館、一九九八年）

上田市立博物館『仙石氏史料集』（上田市立博物館、一九九一年）

上田市立博物館『松平氏史料集』（上田市立博物館、一九九三年）

上田市立博物館『上田城』（上田市立博物館、二〇〇三年）

上田市立博物館『蚕糸業の先覚者』（上田市立博物館、一九九五年）

上田市立博物館『上田の幕末維新』（上田市立博物館、一九八五年）

上田市立博物館『赤松小三郎・松平忠厚』（上田市立博物館、二〇〇〇年）

上田市立博物館『上田の雛人形（増補版）』（上田市立博物館、二〇〇四年）

上田市立博物館『上田城下町』（上田市立博物館、二〇〇〇年）

上田市立博物館『養蚕・製糸』（上田市立博物館、一九八一年）

上田市立博物館『秀吉と真田』（上田市立博物館、二〇〇七年）

柴辻俊六『真田昌幸』（吉川弘文館、一九九六年）

小林計一郎『真田昌幸のすべて』（新人物往来社、一九九九年）

笹本正治『真田氏三代』（ミネルヴァ書房、二〇〇九年）

寺島隆史・金子万平解説『疾風六文銭真田三代と信州上田』（週刊上田新聞社、二〇〇七年）

尾崎行也・佐々木清司『上田歴史地図』（郷土出版社、一九八三年）

尾崎行也『近世銭勘定惑問』（八十二文化財団、二〇〇八年）

尾崎行也『風呂屋・髪結・祭礼踊』（八十二文化財団、二〇〇九年）

尾崎行也『御用！　近世信濃の犯科帳』（八十二文化財団、二〇一〇年）

尾崎行也・川上元・平野勝重『図説・上田の歴史』（郷土出版社、一九八〇年）

尾崎行也解説『諸国道中商人鑑』（郷土出版社、一九八九年）

文部科学省「江戸のモノづくり」（国際シンポジウム上田市連携企画実行委員会）『江戸時代の科学技術と信州・上田』（同会、二〇〇五年）

八十二文化財団編『資料集信州の紙幣』（八十二文化財団、一九九五年）

松野喜太郎『上田藩松平家物語』（郷土出版社、一九八二年）

田中友道『上田武家と町人の茶』（信毎書籍出版センター、一九九八年）

宮下史明『信濃の鋳物師』（小島光、一九六四年）

横山十四男『上田藩農民騒動史』（平林堂書店、一九八一年）

矢羽勝幸『定本・俳人加舎白雄伝』（郷土出版社、二〇〇一年）

上田紬研究会編『信州上田紬』（郷土出版社、一九八四年）

中村倭夫『信濃力士伝・江戸時代編』（甲陽書房、一九七三年）

古川貞雄『村の遊び日』（平凡社、二〇〇三年）

木村礎編『大原幽学とその周辺』（八木書店、一九八一年）

矢羽勝幸『書簡による近世後期俳諧の研究』（青裳堂書店、一九九七年）

赤羽千鶴『信濃の和算』（信教出版部、一九七八年）

協力者

上田市／上田市立博物館／上田市立図書館／上田市文化振興課／松代・大英寺／真田宝物館／龍光院／明治大学博物館／尾崎行也／寺島隆史／北村典子／香山知加子／小林さとみ／宗安寺／橋詰洋司／八十二文化財団

青木歳幸（あおき・としゆき）
昭和二十三年（一九四八）、長野県松本市生まれ。博士（歴史学）。
長野県下高校教員、長野県立歴史館専門主事、『上田市誌』編集委員等を経て、佐賀大学地域学歴史文化研究センター教授。
著書に『在村蘭学の研究』（思文閣出版）、『日本医療史』（共著／吉川弘文館）など。

シリーズ藩物語 **上田藩**

二〇一一年六月二十日 第一版第一刷発行

著者――青木歳幸
発行者――菊地泰博
発行所――株式会社 現代書館
東京都千代田区飯田橋三―二―五 郵便番号 102―0072 http://www.gendaishokan.co.jp/
電話 03―3221―1321 FAX 03―3262―5906 振替 00120―3―83725
組版――デザイン・編集室 エディット
装丁――中山銀士＋杉山健慈
印刷――平河工業社（本文）東光印刷所（カバー、表紙・扉、見返し、帯）
製本――越後堂製本
編集――二又和仁
編集協力――黒澤 務
校正協力――岩田純子

 ISBN978-4-7684-7126-5

江戸末期の各藩

松前、八戸、七戸、黒石、**弘前**、**盛岡**、**一関**、秋田、亀田、本荘、秋田新田、仙台、松山、**新庄**、**庄内**、天童、長瀞、**山形**、上山、**米沢**、米沢新田、相馬、福島、**二本松**、三春、**会津**、守山、棚倉、平、湯長谷、泉、**村上**、黒川、三日市、**新発田**、村松、三根山、与板、**長岡**、椎谷、**高田**、糸魚川、松岡、笠間、宍戸、水戸、下館、結城、**古河**、下妻、府中、土浦、麻生、谷田部、牛久、大田原、黒羽、烏山、喜連川、宇都宮・高徳、壬生、吹上、**足利**、佐野、関宿、高岡、佐倉、小見川、多古、一宮、生実、鶴牧、久留里、大多喜、請西、飯野、佐貫、勝山、館山、岩槻、忍、岡部、川越、沼田、前橋、伊勢崎、館林、高崎、吉井、小幡、安中、七日市、飯山、須坂、松代、**上田**、**小諸**、岩村田、田野口、**松本**、諏訪、**高遠**、飯田、金沢、荻野山中、小田原、沼津、小島、田中、掛川、相良、横須賀、浜松、富山、加賀、大聖寺、郡上、高富、苗木、岩村、加納、大垣、高須、今尾、犬山、挙母、岡崎、西大平、西尾、吉田、田原、大垣新田、尾張、刈谷、西端、長島、**桑名**、神戸、菰野、亀山、津、久居、鳥羽、宮川、彦根、大溝、山上、西大路、三上、膳所、水口、丸岡、勝山、大野、**福井**、鯖江、敦賀、小浜、淀、新宮、田辺、紀州、峯山、宮津、田辺、綾部、山家、園部、亀山、福知山、柳生、柳本、芝村、郡山、小泉、櫛羅、高取、高槻、麻田、丹南、狭山、岸和田、伯太、豊岡、出石、柏原、篠山、尼崎、三田、三草、明石、小野、姫路、林田、安志、龍野、山崎、三日月、赤穂、鳥取、若桜、鹿野、津山、勝山、新見、岡山、庭瀬、足守、岡田、岡山新田、浅尾、松山、鴨方、福山、広島、広島新田、高松、丸亀、多度津、西条、小松、今治、松山、新谷、大洲、吉田、宇和島、徳島、**土佐**、土佐新田、松江、広瀬、母里、浜田、津和野、岩国、徳山、長州、長府、清末、小倉、小倉新田、福岡、秋月、**久留米**、柳河、三池、蓮池、唐津、**佐賀**、小城、鹿島、大村、島原、平戸、平戸新田、中津、杵築、日出、府内、臼杵、**佐伯**、森、**岡**、熊本、熊本新田、宇土、人吉、延岡、高鍋、佐土原、飫肥、薩摩、対馬、五島（各藩名は版籍奉還時を基準とし、藩主家名ではなく、地名で統一した）

★太字は既刊

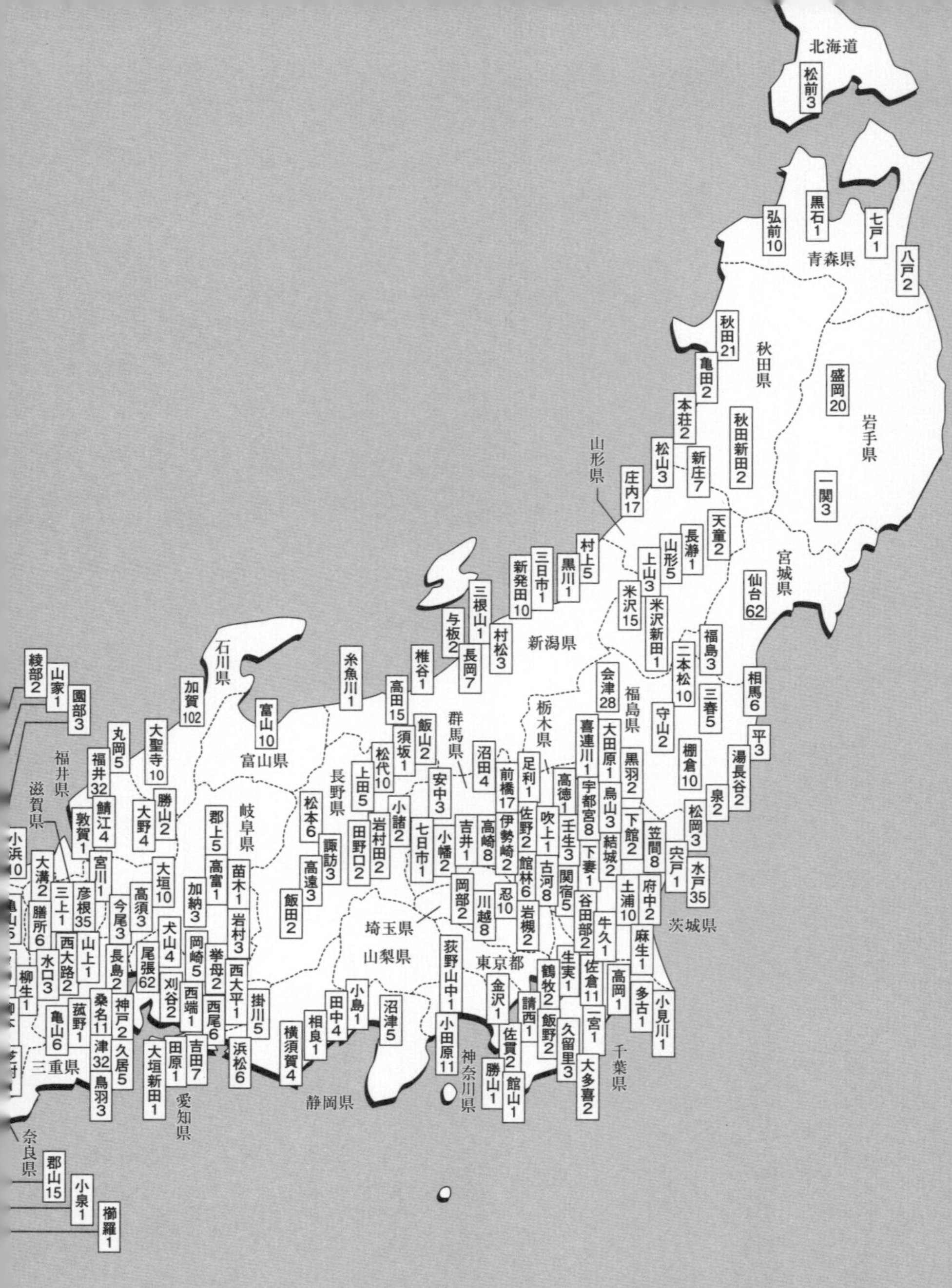

江戸末期の各藩
（数字は万石。万石以下は四捨五入）